Exercise Technique
Manual for
Resistance Training,

Third Edition

抗阻训练技巧

美国国家体能协会
专用指导手册

（第3版）

美国国家体能协会 编　　　陈柏龄　郭雨明 译

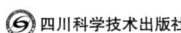四川科学技术出版社

图书在版编目（CIP）数据

抗阻训练技巧：美国国家体能协会专用指导手册：第3版/美国国家体能协会编；陈柏龄，郭雨明译. -- 成都：四川科学技术出版社，2023.5

书名原文：Exercise Technique Manual for Resistance Training，Third Edition

ISBN 978-7-5727-0961-6

Ⅰ.①抗… Ⅱ.①美… ②陈… ③郭… Ⅲ.①体能—身体训练—基本知识 Ⅳ.①G808.14

中国国家版本馆CIP数据核字（2023）第071473号

著作权合同登记图进字21-2023-31号

中文简体字版权专有权归银杏树下（上海）图书有限责任公司所有。
Exercise Technique Manual for Resistance Training, Third Edition
Copyright ©2016, 2008 by the National Strength and Conditioning Association
Copyright ©1997 by the NSCA Certification Commission

All rights reserved. Except for use in a review, the reproduction or utilization of this work in any form or by any electronic, mechanical, or other means, now known or hereafter invented, including xerography, photocopying, and recording, and in any information storage and retrieval system, is forbidden without the written permission of the publisher.

抗阻训练技巧　美国国家体能协会专用指导手册（第3版）
KANGZU XUNLIAN JIQIAO　MEIGUO GUOJIA TINENG XIEHUI ZHUANYONG ZHIDAO SHOUCE（DI 3 BAN）

编　者	美国国家体能协会		
译　者	陈柏龄　郭雨明	选题策划	银杏树下
出品人	程佳月	出版统筹	吴兴元
责任编辑	朱　光	编辑统筹	王　頔
助理编辑	刘倩枝	特约编辑	向　楠　杨晓晨
责任出版	欧晓春	装帧制造	墨白空间·李国圣
出版发行	四川科学技术出版社	版式设计	刘　伟　文明娟
	地址　成都市锦江区三色路238号　邮政编码　610023		
	官方微博 http://weibo.com/sckjcbs		
	官方微信公众号　sckjcbs		
	传真 028-86361756		
成品尺寸	172 mm×240 mm	印　张	14.75
字　数	295千字	印　刷	河北中科印刷科技发展有限公司
版　次	2023年5月第1版	印　次	2023年7月第1次印刷
定　价	92.00元		

ISBN 978-7-5727-0961-6

邮购：成都市锦江区三色路238号新华之星A座25层　邮政编码：610023
电话：028-86361770

■ 版权所有　翻印必究 ■

前　言

美国国家体能协会（NSCA）编写本书，主要是为拟考取以下四种认证的人士提供指导：注册体能训练专家（CSCS）、注册私人教练（NSCA-CPT）、注册特殊群体训练教练（CSPS）和战术体能培训师（TSAC-F）。使用本书有助于考生为应对解剖学、生物力学、课程设计（例如选择训练项目）和训练技术等方面的问题做好充分准备。

《抗阻训练技巧　美国国家体能协会专用指导手册（第3版）》也是适用于体能专家、健身与健康讲师和私人教练的优质资源，他们可以在训练或指导过程中加入抗阻训练。本书可以为大学教员和学生提供体育课程之外的教学补充，不需要去健身房，就可以帮大家掌握更多训练技巧。

本书讲解了54种自由重量训练和16种器械训练的正确技巧。训练技巧清单列出了最主要的肌肉群，正确的抓握方法、站姿和身体姿势，以及每个训练的动作范围。除此之外，本书内容还包括：关节活动的描述、保护措施建议，以及避免受伤的提示。

虽然训练技巧清单由专家编写，但在没有注册教练指导时，读者不应该尝试做任何新的训练动作。同时，我们也建议在训练项目开始前，所有人都应该先咨询医生的意见。

训练前须知

本书讲解了54种自由重量训练和16种器械训练的正确技巧。这些训练分类如下：

- 爆发力（全身运动）训练。
- 臀部和大腿（多关节和单关节运动）训练。
- 小腿（单关节运动）训练。
- 胸部（多关节和单关节运动）训练。
- 背部（多关节运动）训练。
- 肩部（多关节和单关节运动）训练。
- 肱二头肌（单关节运动）训练。
- 肱三头肌（单关节运动）训练。
- 前臂（单关节运动）训练。
- 核心训练。
- 使用非传统动作模式和器械训练。

多关节运动涉及两个或两个以上的关节，在动作过程中，不同关节的角度会改变（例如，在高翻中下肢关节的运动，髋关节、膝关节和踝关节的角度会发生改变）。单关节运动只涉及单个关节（例如，在肱二头肌弯举中肘关节的运动）。本书的目的是帮助训练者更好地掌握动作，所以我们将肩带关节和盂肱关节结合在一起，看成单关节。例如，肩部侧平举在本书中属于单关节运动，即使这个动作明显包含了肩带关节和盂肱关节的运动。此外要说明的是，我们只提及参与运动的主要肌肉。虽然其他很多肌肉会参与发力或起稳定作用，辅助完成动作，但在参与肌肉列表中，这些肌肉不会被写进去。

本书描述的动作训练包括了以下细节：

- 动作类型。
- 动作描述。
- 训练肌群或身体部位。
- 主要参与肌群或肌肉。

- 恰当的训练技巧指导，以完成动作的步骤为顺序列出。
- 该动作训练时是否需要保护者，需要时用 标示。

如何保护训练者

在做某些动作时，训练者身边需要有人保护。因为在这类训练动作中，杠铃或者哑铃会被举到对训练者身体有危险的位置。将负重举过头或仰卧位举过面部上方的训练动作，需要有人保护，以防哑铃或杠铃砸到训练者的头部、颈部或躯干。保护者还可以在必要时帮助训练者起杠和落杠。训练者将杠铃放在颈后、肩部、三角肌前束或者锁骨上时，也需要保护者在场。

负重举过头及杠铃在肩部前侧或者后侧的动作

为了在训练时确保安全，举过头以及将杠铃放在肩部前侧或者后侧的动作，需要借助深蹲架完成（注意：本书图中所示动作为了更好地展示动作技巧，没有使用深蹲架）。保护横梁要根据动作类型和训练者身高调到合适高度。保护者要与训练者身高相当。如果需要，保护者还要有足够的力量去支持训练者的负重。不用深蹲架的动作（例如，前箭步蹲或者登阶），如果训练者负载大重量可能也会导致严重损伤，故做这些动作时训练者也需要得到保护。这类动作还包括以下几种：

- 任何推肩的动作变式。
- 任何杠铃深蹲的动作变式。
- 任何杠铃箭步蹲的动作变式。

仰卧位举过面部上方的动作

要确保仰卧位举向面部上方的动作安全，保护者应正反手握住杠铃，握距比训练者的窄。在有些动作（例如仰卧臂屈伸）中，由于杠铃曲线式的移动轨迹，保护者需要用正反握的方式拿起杠铃和将其放回地上；在杠铃移动过程中，保护者要反握杠铃。这样做可以确保杠铃不会从保护者手中滑出而砸到训练者的面部或者颈部。保护者要用双脚稳定支撑的宽站姿，并且保持脊柱中立位，这样可以帮助训练者承担负重。这类动作还包括以下几种：

- 任何平板杠铃卧推的动作变式。
- 仰卧杠铃臂屈伸。
- 任何仰卧飞鸟的动作变式。

如何安全训练

遵循以下建议，可以确保你安全训练：

- 在干净、干燥、平坦、标示清晰的场地上做爆发力训练（例如在举重台上），场地上没有无关人员和障碍物。这条建议也适用于其他复杂的非爆发力训练，例如箭步蹲、硬拉和登阶。
- 如果做爆发力训练时无法完成组内重复的次数，可将杠铃向前推出，身体向后移动，让杠铃落在地上。做这类动作时，若某次组内重复动作无法完成，不要强求。
- 完成举过头的动作之前，检查是否有足够的上下空间。
- 使用有转轴的杠铃，尤其是在爆发力训练中。
- 在深蹲架或力量训练架里做前蹲或者后蹲之前，使用插销或挂钩将杠铃固定在腋窝高度。开始动作时，从肩部高度起杠，结束动作时，将杠铃放回插销或挂钩上。这样会比从地面起杠、做完动作后将杠铃放回地面更安全。
- 准备一组动作时，在深蹲架或力量训练架中，从插销或挂钩上举起杠铃，向后退一步开始一组动作，结束动作时向前走一步，将杠铃放回插销或挂钩上。不要倒退将杠铃放回架子。
- 每次都用卡簧或卡扣将配重片牢牢固定在杠铃杆上。
- 使用固定器械训练时，将调节插销（通常是L形或者T形）完全插入配重片中。

准备姿势和举重动作指导

开始做动作前，训练者常常需要将杠铃或者哑铃从地上举起（例如俯身划船、肱二头肌弯举、平板或上斜哑铃卧推、平板或上斜哑铃飞鸟、直立划船、仰卧杠铃臂屈伸、直腿硬拉）。保持正确的身体姿势，然后安全有效地举起负重，以免下背部承受过大的压力。

首先，以哑铃或者杠铃位置作为参照，调整站姿和站距，并正确地握住杠铃杆或者哑铃手柄：

- 蹲在杠铃杆后方或者两只哑铃之间。
- 站距在髋距和肩距之间。
- 如果要举起杠铃，将杠铃杆贴近胫骨，悬在大脚趾球（跖骨）上方，双手全握杠铃杆，握距与肩同宽（或者稍宽）。
- 如果要举起哑铃，站在两只哑铃正中间，全握手柄，手臂或手掌保持中立位。
- 伸展双臂肘关节，双臂打开，放在膝关节外侧。

按照以下六条指导，从正确的准备姿势开始将训练器械从地面举起。这六条指导也描述了在开始第一组爆发力训练动作前（例如高抓、高翻）身体应该保持的姿势：

- 背部中立位或稍微拱起。
- 斜方肌放松，并适度伸展，挺胸，肩胛骨收紧。
- 头部和脊柱在一条直线上，或者稍微超伸。
- 身体的重心在脚底中部和大脚趾球之间，脚跟和地面接触。
- 肩部在杠铃杆正上方，或稍微向前超过杠铃杆。
- 眼睛直视前方或者稍微向上看。

这六条指导适用于许多动作。为了避免重复，本书将以上六条指导称为"准备姿势和举重动作指导"，并且不会在之后的每个动作讲解中全部罗列。

关于举重腰带的建议

使用举重腰带可在举起负重训练器械时保持腹内压。选择合适的举重腰带，要考虑训练动作的种类和举起的相对重量。我们建议在做对下背部有压力的动作，以及要使用最大或者接近最大重量训练时佩戴腰带。同时结合正确的举重技巧和合理的保护措施，佩戴腰带会帮助训练者减小下背部受伤的风险。但佩戴举重腰带也有缺点：经常佩戴腰带训练，容易导致腹部肌肉缺乏锻炼。另外，有两种情况可以不使用举重腰带：动作不会对下背部产生压力（例如肱二头肌弯举、高位下拉）时；使用轻重量做对下背部有压力的动作（例如后蹲、硬拉）时。

呼吸指导

在做抗阻训练动作的过程中，最佳的基本呼吸方式是：在肌肉向心收缩的极限（动作中最难的部分）时呼气，在较容易的阶段（离心收缩）吸气。做动作过程中，离心收缩转换为向心收缩，极限往往在转换之后很快出现。例如，自由重量平板杠铃卧推动作的极限会出现在向上运动过程的中点。动作进行到那个点时，训练者应开始呼气，直到向上推的阶段完成。在杠铃向下落到胸口的阶段，训练者应该吸气。这个呼吸方法几乎适用于所有抗阻训练动作。

在某些情况下，训练者也需要屏住呼吸。经验丰富或者技巧精湛的训练者，如果要用大重量进行复合动作训练（复合动作训练会在脊柱上负重，由此会对脊柱造成压力），可以用瓦氏动作增加腹内压，以保持正确的脊柱中立位和支撑脊柱。瓦氏动作需要在保持声门关闭时呼气，同时收缩腹部肌肉和肋间肌，这个动作可以让躯干下部的腹腔保持紧绷，空气压入躯干上部，并且增加腹内压。

瓦氏动作的优点是它让整个躯干保持紧绷，这样能更好地支持脊柱，反过来又可减少椎间盘承受的相关压力。瓦氏动作还能帮助腰椎保持正常的前凸姿势（也叫作脊柱中立位），并且让躯干上部保持竖直（某些动作的技巧列表中有这点）。但需要注意的是，瓦氏动作增加腹内压可能会带来潜在的不良影响，例如眩晕、定向障碍、血压过高和黑视。这也是为什么只能短暂地屏住呼吸，持续时间最多2秒的原因。即使是技巧精湛的训练者，也不应该延长屏住呼吸的时间，因为血压会迅速升高到静息状态下的三倍。

体能专家测试训练者在做动作时按标准动作每组只能完成1次的最大重量（1RM），例如做高翻、高抓、深蹲、硬拉、平板杠铃卧推等动作时，需要注意指导训练者做瓦氏动作，让他们知道这个动作的优点和缺点。出于安全和动作技巧原因，需要用腹腔和胸腔支撑脊柱。虽然这样做的重要性显而易见，但我们还是建议训练者不要延长屏住呼吸的时间。

使用非传统动作模式和器械训练

使用非传统动作模式和器械训练已经变得越来越常见了。在这类动作中，基本指导和传统抗阻训练方法类似。在使用非传统动作模式或器械训练时，需要遵循几点指导，其中包括保持稳定的身体姿势，使用正确的握法，以及遵循正确的呼吸模式。以下是几种在绝大多数训练环境中非传统的训练类型：

- 自重训练——使用身体自身的重量作为外部阻力，完成各种动作。
- 核心稳定性和平衡性训练——包括孤立训练、有目的地使用固定器械或者自由重量，以及利用不稳定器械来激活核心并提升平衡性。
- 可变阻力训练——让使用的负重随着关节角度的变化而变化，以此在整个肌肉运动过程中，最大限度地调动肌肉力量。
- 使用非传统器械——结合大力士的训练动作和壶铃训练，让训练者的整个训练过程更加多样。
- 单侧训练——与其他训练项目结合，减少身体两侧的不对称性，或者用在康复训练中。

目　　录

第一部分　全　身　　1

爆发力训练　　3
1.1　高抓　　4
1.2　悬垂高抓　　10
1.3　单臂哑铃抓举　　15
1.4　直腿抓举　　18
1.5　高翻　　23
1.6　悬垂高翻　　28
1.7　哑铃悬垂高翻　　31
1.8　借力推　　34
1.9　半挺　　37
1.10　分腿挺　　41

第二部分　下半身　　45

臀部和大腿（多关节）训练　　47
2.1　前蹲　　48
2.2　后蹲　　54
2.3　硬拉　　60
2.4　罗马尼亚硬拉　　63
2.5　腿部推举（器械）　　65
2.6　坐姿腿举（器械）　　68

2.7	登阶	70
2.8	前箭步蹲	74
2.9	反向腿弯举	78

臀部和大腿（单关节）训练 　　　　　　　　　　　　　　　　81

2.10	直腿硬拉	82
2.11	早安式体前屈	84
2.12	坐姿腿屈伸（器械）	86
2.13	坐姿腿弯举（器械）	88

小腿（单关节）训练 　　　　　　　　　　　　　　　　　　　　91

2.14	坐姿提踵（器械）	92
2.15	站姿提踵（器械）	94

第三部分　上半身　　　　　　　　　　　　　　　　　　　　　　97

胸部（多关节）训练 　　　　　　　　　　　　　　　　　　　　99

3.1	平板杠铃卧推	100
3.2	上斜杠铃卧推	104
3.3	平板哑铃卧推	107
3.4	上斜哑铃卧推	110
3.5	坐姿推胸（器械）	113

胸部（单关节）训练 　　　　　　　　　　　　　　　　　　　　115

3.6	蝴蝶机夹胸（器械）	116
3.7	平板哑铃飞鸟	118
3.8	绳索夹胸（器械）	121

背部（多关节）训练 123

- 3.9　高位下拉（器械） 124
- 3.10　俯身划船 126
- 3.11　单臂哑铃划船 128
- 3.12　坐姿低位划船（器械） 130
- 3.13　坐姿划船（器械） 132
- 3.14　绳索面拉（器械） 134

肩部（多关节）训练 137

- 3.15　器械推肩（器械） 138
- 3.16　坐姿杠铃推肩 140
- 3.17　坐姿哑铃推肩 143
- 3.18　直立划船 146

肩部（单关节）训练 149

- 3.19　侧平举 150
- 3.20　俯身侧平举 152

肱二头肌（单关节）训练 155

- 3.21　杠铃弯举 156
- 3.22　锤式弯举 158

肱三头肌（单关节）训练 161

- 3.23　仰卧杠铃臂屈伸 162
- 3.24　肱三头肌下压（器械） 165

前臂（单关节）训练 167

- 3.25　反握腕弯举 168
- 3.26　腕关节伸展 170

第四部分　核　心　　　　　　　　　　　　　　　173

核心训练　　　　　　　　　　　　　　　　　　175

4.1　屈膝仰卧起坐　　　　　　　　　　　　　　176

4.2　卷腹　　　　　　　　　　　　　　　　　　178

4.3　平板支撑　　　　　　　　　　　　　　　　180

4.4　侧平板支撑　　　　　　　　　　　　　　　182

4.5　瑞士球滚动　　　　　　　　　　　　　　　184

4.6　瑞士球派克俯卧撑　　　　　　　　　　　　186

4.7　瑞士球屈腿内收　　　　　　　　　　　　　188

4.8　坐姿卷腹（器械）　　　　　　　　　　　　190

4.9　瑞士球卷腹　　　　　　　　　　　　　　　192

4.10　瑞士球反向背部伸展　　　　　　　　　　194

第五部分　非传统动作模式和器械　　　　　　197

使用非传统动作模式和器械的训练　　　　　　199

5.1　双臂壶铃摇摆　　　　　　　　　　　　　　201

5.2　单腿蹲　　　　　　　　　　　　　　　　　204

5.3　单腿壶铃罗马尼亚硬拉　　　　　　　　　　206

5.4　土耳其式起身　　　　　　　　　　　　　　208

5.5　单臂壶铃高翻　　　　　　　　　　　　　　212

5.6　单臂壶铃推举　　　　　　　　　　　　　　215

5.7　壶铃前蹲　　　　　　　　　　　　　　　　217

5.8　瑞士球臀桥和腘绳肌弯举　　　　　　　　　219

5.9　俯卧撑哑铃划船　　　　　　　　　　　　　221

第一部分

全身

爆发力训练

名称	动作描述	主要参与肌肉	
		肌群或身体部位	肌肉
高抓	髋关节伸展	臀肌	臀大肌
		腘绳肌	半膜肌 半腱肌 股二头肌
	膝关节伸展	股四头肌	股外侧肌 股中间肌 股内侧肌 股直肌
	踝关节跖屈	小腿	比目鱼肌 腓肠肌
	肩关节屈曲和外展	肩部	三角肌前束和中束
	肩胛骨上提	肩部和上背部	斜方肌（上部）
	肘关节屈曲	上臂（前侧）	肱肌 肱二头肌 肱桡肌
	肘关节伸展	上臂（后侧）	肱三头肌
悬垂高抓	同高抓		
单臂哑铃抓举	同高抓		
直腿抓举	同高抓		
高翻	同高抓，但向心动作不包括肘关节伸展		
悬垂高翻	同高抓，但向心动作不包括肘关节伸展		
哑铃悬垂高翻	同高抓，但向心动作不包括肘关节伸展		
借力推	同高抓，只是肩关节屈曲和外展及肱三头肌伸展的幅度更大		
半挺	同高抓		
分腿挺	同高抓		

1.1 高抓

从起始姿势开始，这个动作需要双臂完全伸直将杠铃举过头——动作要一气呵成。尽管向上的动作包含四个不同的阶段，但在杠铃向上举起时是不间断的。

起始姿势

- 双腿分开，站距在髋距和肩距之间，脚尖稍微向外打开，使膝盖位于双脚的正上方。
- 做下蹲动作，保持臀部低于肩部，采用正握方式平衡地抓住杠铃。握距宽于其他动作的握距。握距可以这样估算：一只手臂平行于地面向外伸展，握紧拳头，测量握拳的指关节到另一侧肩部外缘的距离。另外一种估算握距的方法是：双臂肘关节弯曲，上臂平行于地面外展，测量双臂肘关节之间的距离。这样测出的距离可作为双手抓取杠铃时的握距。如果需要，可以根据肩关节的柔韧性和手臂的长度来调整握距。实际握法可采用全握或者锁握的方式。如果用锁握，手掌朝下，拇指先握在杆上，再用其余四指包住杆，用食指或食指和中指（根据手指长度）覆盖拇指。要举起最大重量或接近最大重量的杠铃，锁握是有效的办法，但不习惯锁握的人开始会觉得不舒服。锁握时，在拇指上缠运动胶带可减轻手指的压力。

握距测量：拳—对侧肩

握距测量：肘—肘

- 双臂打开，放在膝关节两侧，肘关节充分伸展，朝向外侧。
- 杠铃放在胫骨前约3厘米、大脚趾球正上方的位置。
- 在开始之前，按照准备姿势和举重动作指导将身体调整到正确姿势，再从地面拉起杠铃。之后每次重复，都从这个姿势开始。
- 躯干、臀部、膝盖和杠铃的准确位置取决于训练者肢体的长度和下肢关节的柔韧性。一个柔韧性差的人要想以正确的起始姿势进行高抓，会感觉很难在伸展肘关节抓杠铃时保持脚跟贴紧地面的姿势。如果不能做到准备姿势，可以做悬垂高抓，因为悬垂高抓不要求举重者从地面抓起杠铃。悬垂高抓中，杠铃的起始位置在膝盖以上。

第一次拉起

杠铃向上运动过程中，将杠铃从地面拉起到刚超过膝关节的阶段，被称为**第一次拉起**。

- 从用力伸展髋关节和膝关节开始动作。两者必须同步伸展，以保持躯干和地面之间角度不变。不要在肩部移动之前就抬高臀部，臀部抬高的速度不要快过肩部。脊柱保持中立位（或稍微拱起），同时缓慢将身体重心由脚底中部转移到脚跟，这样可以帮助保持躯干和地面之间角度不变。
- 双臂肘关节充分伸展，头部和脊柱保持在同一条直线上，肩部位于杠铃正上方，或者稍微靠前。
- 向上拉杠铃时，尽可能将它靠近胫骨，同时将身体重心稍微向后转移到脚跟，这样有助于以正确的轨迹拉起杠铃。

转换

杠铃向上运动过程中，杠铃过膝关节后，将膝关节和大腿向前移动，这一阶段被称为**转换**。

- 当向上拉杠铃刚超过膝关节时，向前推髋关节，膝关节微屈，以便让大腿顶住杠铃杆，同时将膝关节置于杠铃杆下方。
- 在膝关节第二次屈曲时，将身体重心移向脚底中部，脚跟贴紧地面。

- 保持背部中立位或稍微拱起，双臂肘关节充分伸展，朝向外侧，头部和脊柱保持在一条直线上。
- 虽然膝关节和髋关节向前移动时，肩部容易向后移动，但肩部应该位于杠铃正上方。这个阶段结束时，身体应处于发力姿势。

第二次拉起（爆发力阶段）

身体处于发力姿势，杠铃从大腿处靠近身体的位置向上拉起，直到下肢关节充分伸展并且杠铃移动达到最快速度。这个阶段被称为**第二次拉起**或者**爆发力阶段**。

- 杠铃向上移动的时候，应该尽量接近或者接触大腿前侧靠近腹股沟褶的位置。通过快速伸展髋关节、膝关节和踝关节，开始高速向上运动。注意，此处踝关节伸展指跖屈动作。
- 杠铃向上移动时应该尽量贴近身体。
- 躯干保持一个姿势，后背挺直或者稍微拱起，双臂肘关节朝向外侧，头部和脊柱保持在一条直线上。
- 肩部保持在杠铃上方，双臂尽量伸直，同时伸展髋关节、膝关节和踝关节。
- 下肢各关节充分伸展的同时，迅速耸肩。耸肩过程中，双臂肘关节应该伸展并且朝向外侧。
- 肩部上升到最高点时，屈曲肘关节，准备开始将杠铃翻过身体。上身的动作类似做直立划船，只是握距更宽一些。双臂向上移动，肘关节朝向外侧。
- 继续向上拉杠铃，尽可能往高处拉。
- 由于下肢三关节伸展以及上肢要用力向上拉，躯干会变得竖直或者略微超伸，头部会略微向后倾斜，并且双脚会离开地面。

接杠

将杠铃举到头顶位置的动作，叫作**接杠**。

- 当下肢充分伸展并且杠铃接近最高点时，旋转双臂肘关节和腕关节，将其置于杠铃下方，同时屈曲髋关节和膝关节，做出接近微蹲的姿势，将杠铃翻过身体。

- 此时双脚通常会重新接触地面，站距比起始时略宽，脚尖比起始时略向外。
- 当杠铃高度超过双臂时，迅速伸展肘关节将杠铃向上推起，举过头顶，身体向下推。
- 杠铃应该位于头上方耳朵后侧一点的位置，并且做到以下姿势：
  - 手臂充分伸展；
  - 躯干保持竖直和稳定；
  - 头部保持中立位；
  - 脚底完全着地；
  - 身体重心放在脚底中部。
- 杠铃到达最高点时，身体微蹲，手肘充分伸展。
- 恢复控制和平衡后，伸展髋关节和膝关节，使身体完全直立。

向下运动

- 如果使用橡胶配重片，应该有控制地将杠铃放回地面；将手放在杠铃片上或者附近，就能够控制杠铃使其无法从地上弹起。
- 最常用的方式是通过逐渐放松紧绷的肩部肌肉，将杠铃从头顶位置缓慢下放，有控制地下放到大腿位置。此时髋关节和膝关节同时屈曲，以缓冲杠铃下落对大腿产生的冲击。然后继续下蹲，让杠铃降低，落到地面上。
- 在合适的情况下，重新调整杠铃位置和身体姿势，准备做下一次动作。

8 抗阻训练技巧 美国国家体能协会专用指导手册（第3版）

起始姿势 / 第一次拉起开始

第一次拉起结束 / 转换阶段开始

转换阶段结束 / 第二次拉起开始

第二次拉起结束

第一部分 全 身

接杠

站直

1.2 悬垂高抓

这个动作和高抓类似，主要变化在于杠铃的初始位置是放在大腿上略高于膝关节处，而不是在地面上。悬垂高抓基本上是从转换阶段开始的高抓。因为比起高抓，杠铃移动的距离减少，训练者对杠铃施加拉力的时间也随之减少。由于杠铃在膝关节上方时，没有初始动量，同样的负重，悬垂高抓就要比高抓动用更多肌肉力量（爆发力）。因此，髋关节、膝关节和踝关节强力且迅速的伸展，以及随后的耸肩和手臂上拉动作，对完成悬垂高抓都至关重要。

起始姿势

- 双腿分开，站距在髋距和肩距之间，脚尖稍微向外打开，使膝盖位于双脚的正上方。
- 做下蹲动作，保持臀部低于肩部，采用正握方式平衡地抓住杠铃。握距宽于其他动作的握距。握距可以这样估算：一只手臂平行于地面向外伸展，握紧拳头，测量握拳的指关节到另一侧肩部外缘的距离。另外一种估算握距的方法是：双臂肘关节弯曲，上臂平行于地面外展，测量双臂肘关节之间的距离。这样测出的距离可作为双手抓取杠铃时的握距。如果需要，可以根据肩关节的柔韧性和手臂的长度来调整握距。实际握法用全握或者锁握的方式。如果用锁握，手掌朝下，拇指先握在杆上，再用其余四指包住杆，用食指或食指和中指（根据手指长度）覆盖拇指。要举起最大重量或接近最大重量的杠铃，锁握是有效的办法，但不习惯锁握的人开始会觉得不舒服。锁握时，在拇指上缠运动胶带可减轻手指的压力。
- 双臂打开，放在膝关节两侧，肘关节充分伸展，朝向外侧。
- 将杠铃从地面拉起，竖直站立，使杠铃靠近髋关节腹股沟褶。之后每次重复，都从这个姿势开始。

第一次向下运动

这个阶段是以一个向下的动作（腘绳肌离心收缩）开始的，训练者将杠铃下放到大腿中部、膝关节上或膝关节以下。杠铃下降过程中，身体重心由脚底中部移向脚跟。

转换

杠铃向上运动过程中，杠铃过膝关节后，将膝关节和大腿向前移动，这一阶段被称为**转换**。

- 向下运动阶段，一旦杠铃到达最低点，训练者迅速做逆向运动，使腘绳肌做伸展-收缩循环（SSC），以此开始加速向上拉起杠铃。
- 向前推髋关节，膝关节微屈，让大腿顶住杠铃杆，同时将膝盖置于杠铃杆下方。
- 在膝关节屈曲时，将身体重心移向脚底中部，脚跟贴紧地面。
- 保持背部中立位或稍微拱起，双臂充分伸展，肘关节朝向外侧，头部和脊柱保持在一条直线上。
- 虽然膝关节和髋关节向前移动时，肩部容易向后移动，但肩部应位于杠铃上方。这个阶段结束时，身体应处于发力姿势。

向上运动（爆发力阶段）

身体处于发力姿势，杠铃从大腿处靠近身体的位置向上拉起，直到下肢关节充分伸展并且杠铃移动达到最快速度，这被称为向上运动或者**爆发力阶段**。

- 杠铃向上移动时，应尽量接近或者接触大腿前侧靠近腹股沟褶的位置。通过快速伸展髋关节、膝关节和踝关节，开始高速向上运动。注意，此处踝关节伸展指跖屈动作。
- 杠铃向上移动时应该尽量贴近身体。
- 躯干保持一个姿势，后背挺直或者稍微拱起，双臂肘关节朝向外侧，头部和脊柱保持在一条直线上。
- 肩部保持在杠铃上方，双臂尽量伸直，同时伸展髋关节、膝关节和踝关节。
- 下肢各关节充分伸展的同时，迅速耸肩。耸肩过程中，双臂肘关节应该伸展并且朝向外侧。
- 肩部上升到最高点时，屈曲肘关节，准备开始将杠铃翻过身体。上身的动作类似做直立划船，只是握距更宽一些。双臂同时向上移动，肘关节朝向外侧，但

- 不要向后移动。
- 由于下肢三关节伸展以及上肢要用力向上拉，躯干会变得竖直或者略微超伸，头部会略微向后倾斜，并且双脚会离开地面。

接杠

将杠铃举到头顶位置的动作，叫作**接杠**。

- 当下肢关节充分伸展并且杠铃达到最高点时，迅速旋转肘关节，将杠铃向上翻，之后肘关节也自然在杠铃下方。
- 当杠铃高度超过肘关节时，迅速伸展肘关节将杠铃向上推起，举过头顶，身体向下推。
- 髋关节和膝关节同时屈曲，做出接近微蹲的动作。
- 此时双脚通常会重新和地面接触，站距比起始时略宽，脚尖比起始时略向外侧。
- 杠铃应该位于头上方耳朵后一点的位置，同时做到以下姿势：
  - 肘关节充分伸展；
  - 躯干紧绷并且直立；
  - 头部保持中立位；
  - 脚底完全着地；
  - 身体重心放在脚底中部。
- 理想状态下，当杠铃达到最高点时，训练者肘关节伸展，同时做微蹲动作。
- 在恢复控制和平衡后，伸展髋关节和膝关节，让身体完全直立。

第二次向下运动

- 最常用的方式是通过逐渐放松紧绷的肩部肌肉，将杠铃从头顶位置有控制地下放到大腿位置。此时髋关节和膝关节同时屈曲，以缓冲杠铃下落对大腿产生的冲击。
- 在合适的情况下，重新调整杠铃位置和身体姿势，准备做下一次动作。

第一部分 全 身　　13

起始姿势

第一次向下运动

向上运动

接杠

站直

1.3　单臂哑铃抓举

起始姿势

- 双腿分开站立,并将哑铃置于双脚之间。站距在髋距和肩距之间,脚尖稍微向外打开。
- 做下蹲动作,保持臀部低于肩部,采用正握、全握哑铃,同时肘关节充分伸展。
- 没有握哑铃的那只手应顺着同侧身体自然下垂。
- 在发力之前,按照准备姿势和举重动作指导将身体调整到正确姿势,再从地面举起哑铃。之后每次重复,都从这个姿势开始。

向上运动

- 从充分伸展髋关节、膝关节和踝关节(通常称为**三关节伸展**)开始动作。
- 哑铃向上加速移动时,应该贴着大腿或者靠近大腿。
- 在膝关节、髋关节和踝关节伸展的同时,持哑铃的手臂肘关节应保持伸展。
- 下肢各关节充分伸展的同时,迅速耸起与持哑铃手臂同侧的肩部。在耸肩过程中,持哑铃手臂的肘关节应该伸展并朝向外侧。
- 当肩部上升到最高点时,屈曲持哑铃手臂的肘关节,将哑铃翻过身体。哑铃向上移动时应尽量贴近身体。
- 继续向上拉哑铃,尽量往高处拉。
- 另一只手臂应该放在同侧髋部,或者沿着同侧身体自然下垂。
- 因为下肢三关节伸展以及上肢要用力向上拉,躯干会变得竖直,头部会稍微向后倾斜,并且双脚会离开地面。

接铃

- 当下肢充分伸展并且哑铃接近最高点时,通过旋转持哑铃那只手臂的肘关节和腕关节,将其置于哑铃下方,同时屈曲髋关节和膝关节,做出接近微蹲的姿势，将哑铃翻过身体。
- 当哑铃高度超过举起它的手臂时，迅速伸展肘关节将哑铃向上推起，举过头顶，身体向下推。
- 哑铃到达最高点时，持哑铃手臂的肘关节充分伸展，此时身体微蹲。
- 另外一只手臂应该放在同侧髋部，或者沿同侧身体自然下垂。
- 在恢复控制和平衡后，让身体完全直立。

向下运动

- 在完成一次动作之后，通过逐渐放松持哑铃手臂一侧的肩部肌肉，将哑铃从头顶位置缓慢下放，控制哑铃先下降到肩部位置，再到大腿位置，最后采用深蹲姿势将其放回双脚之间的地面上。
- 如果需要，重新调整哑铃位置和身体姿势，准备下一次动作。

起始姿势

向上运动

第一部分 全 身　17

接铃

站立姿态

1.4 直腿抓举

从起始姿势开始，直腿抓举需要手臂充分伸展，将杠铃举过头。这和高抓有些区别，高抓是个连续完成的动作。直腿抓举分为两个动作：双臂肘关节旋转置于杠铃下方，然后杠铃被向上推出，结束动作。在做直腿抓举时，不需要屈曲髋关节和膝关节来缓冲有下落趋势的杠铃。

起始姿势

- 双腿分开，站距在髋距和肩距之间，脚尖稍微向外打开，使膝盖位于双脚的正上方。
- 做下蹲动作，保持臀部低于肩部，采用正握方式平衡地抓住杠铃。握距宽于其他训练动作的握距。握距可以这样估算：一只手臂平行于地面向外伸展，握紧拳头，测量握拳的指关节到另一侧肩部外缘的距离。另外一种估算握距的方法是：双臂肘关节弯曲，上臂平行于地面外展，测量双臂肘关节之间的距离。这样测出的距离可作为双手抓取杠铃时的握距。如果需要，可以根据肩关节的柔韧性和手臂的长度来调整握距。实际握法可以采用全握或者锁握的方式。如果用锁握，手掌朝下，拇指先握在杆上，再用其余四指包住杆，用食指或食指和中指（根据手指长度）覆盖拇指。要举起最大重量或接近最大重量的杠铃，锁握是有效的办法，但不习惯锁握的人开始会觉得不舒服。锁握时，在拇指上缠运动胶带可减轻手指的压力。
- 双臂打开，放在膝关节两侧，肘关节充分伸展，朝向外侧。
- 杠铃放在胫骨前约3厘米、前脚掌正上方的位置。
- 在起杠之前，按照准备姿势和举重动作指导将身体调整到正确姿势，再从地面拉起杠铃。之后每次重复，都从这个姿势开始。
- 躯干、臀部、膝盖和杠铃的准确位置，取决于举重者肢体的长度和下肢关节的柔韧性。一个柔韧性差的人要想以正确的起始姿势做直腿抓举，会感觉很难在伸展肘关节抓杠铃时保持脚跟贴紧地面。如果不能做到准备姿势，可以用悬垂高抓的起始姿势，因为悬垂高抓不要求举重者从地上抓起杠铃。悬垂高抓中，杠铃的起始位置在膝盖上方。

第一次拉起

杠铃向上运动过程中，将杠铃从地面拉起到刚超过膝关节的阶段，被称为**第一次拉起**。

- 从用力伸展髋关节和膝关节开始动作。两者必须同步伸展，以保持躯干和地面之间角度不变。不要在肩部移动之前就抬高臀部，臀部抬高的速度不要快过肩部。保持背部中立位或稍微拱起，同时缓慢将身体重心由脚底中部移到脚跟，这样可以帮助保持躯干和地面之间角度不变。
- 双臂肘关节充分伸展，头部和脊柱保持在同一条直线上，肩部位于杠铃正上方，或者稍微靠前。
- 向上拉杠铃时，尽可能将它靠近胫骨，同时稍微将身体重心向后转移到脚跟，这样有助于以正确的轨迹拉起杠铃。

转换

杠铃向上运动过程中，杠铃过膝关节后，将膝关节和大腿向前移动，这一阶段被称为**转换**。

- 当向上拉杠铃刚超过膝关节时，向前推髋关节，膝关节微屈，以便让大腿顶住杠铃杆，同时将膝关节置于杠铃杆下方。
- 在膝关节第二次屈曲时，将身体重心移向脚底中部，脚跟紧贴地面。
- 保持背部中立位或稍微拱起，双臂肘关节充分伸展，朝向外侧，头部与脊柱保持在一条直线上。
- 虽然膝关节和髋关节向前移动时，肩部会容易向后移动，但肩部应该位于杠铃正上方。这个阶段结束时，身体应处于发力姿势。

第二次拉起（爆发力阶段）

身体处于发力姿势，杠铃从大腿处靠近身体的位置向上拉起，直到下肢关节充分伸展并且杠铃移动达到最快速度，这个阶段被称为**第二次拉起**或者**爆发力阶段**。

- 杠铃向上移动时，应该尽量接近或者接触大腿前侧。通过快速伸展髋关节、膝关节和踝关节，开始高速向上运动。注意，此处踝关节伸展指跖屈动作。
- 杠铃向上移动时应该尽量贴近身体。
- 保持躯干挺直或稍微拱起，双臂肘关节朝向外侧，头部和脊柱保持在一条直线上。
- 肩部保持在杠铃上方，双臂尽量伸直，同时伸展髋关节、膝关节和踝关节。
- 下肢各关节充分伸展的同时，迅速耸肩。耸肩过程中，双臂肘关节应该伸展并且朝向外侧。
- 肩部上升到最高点时屈曲肘关节，准备开始将杠铃翻过身体。上身的动作类似做直立划船，只是握距更宽一些。双臂肘关节向上移动，朝向外侧。
- 在下肢关节充分伸展，并且双臂肘关节达到最高点之后，迅速旋转肘关节，将其置于杠铃下方，此时肘关节朝向地面。膝关节和髋关节充分伸展后，保持这个状态以完成动作。不需要屈曲髋关节和膝关节来缓冲有下落趋势的杠铃。

接杠

将杠铃向上推出，举到头顶的动作，也称作直腿抓举的**接杠阶段**。

- 当双臂肘关节位于杠铃正下方时，将杠铃向上举过头。
- 和高抓不同，接杠时膝关节和髋关节是完全伸展的，它们在杠铃举过头时不屈曲。

向下运动

- 如果使用橡胶配重片，应该有控制地将杠铃放回地面；将手放在杠铃片上或者附近，就能够控制杠铃使其无法从地上弹起。
- 最常用的方式是通过逐渐放松紧绷的上身肌肉，将杠铃从头顶位置有控制地下放到大腿位置。此时髋关节和膝关节同时屈曲，以缓冲杠铃下落对大腿产生的冲击。然后继续下蹲，让杠铃降低，落到地面上。
- 在合适的情况下，重新调整杠铃位置和身体姿势，准备做下一次动作。

第一部分 全身　21

起始姿势

第一次拉起

转换

第二次拉起

接杠

站直

1.5 高翻

这个动作和高抓类似，但有两处主要区别：高翻动作结束时杠铃位于肩上，而非举过头；高翻中双手握距大约和肩宽一致，而高抓中双手握距要宽得多。

因为和高抓有很多共同点，所以描述高翻技术的内容会简要一些，重点将放在它与高抓不同的地方。

起始姿势

- 双腿分开，站距在髋距和肩距之间，脚尖稍微向外打开，使膝盖位于双脚的正上方。
- 做下蹲动作，保持臀部低于肩部，采用正握方式平衡地抓住杠铃，握距和肩宽一致（或者稍宽）。
- 双臂打开，放在膝关节两侧，肘关节充分伸展，朝向外侧。
- 杠铃放在胫骨前约3厘米、大脚趾球正上方的位置。
- 在起杠之前，按照准备姿势和举重动作指导将身体调整到正确姿势，再从地面拉起杠铃。之后每次重复，都从这个姿势开始。
- 躯干、臀部、膝盖和杠铃的准确位置，取决于训练者肢体的长度和下肢关节的柔韧性。高翻有个变式——悬垂高翻，悬垂高翻中杠铃起始位置是在膝关节上方，而不是在地上。

第一次拉起

- 从用力伸展髋关节和膝关节开始动作。保持躯干和地面之间角度不变，不要在肩部移动之前就抬高臀部，臀部抬高的速度不要快过肩部，同时保持后背中立位或稍微拱起。
- 保持双臂肘关节充分伸展，头部和脊柱处于同一条直线，肩部位于杠铃正上方或稍微超过杠铃。
- 让杠铃尽可能地贴近胫骨。

转换

- 当拉起杠铃超过膝关节时，向前伸展髋关节，膝关节微屈，以便让大腿顶住杠铃杆，同时将膝关节置于杠铃杆下方。
- 膝关节屈曲时，将身体重心向前移到脚底中部，脚跟紧贴地面。
- 保持背部挺直或者稍微拱起，双臂肘关节完全伸展，朝向外侧，肩部位于杠铃正上方或稍微靠前，头部和脊柱处于同一条直线。
- 在转换阶段结束时，身体姿势也是第二次拉起（爆发力阶段）的起始姿势。

第二次拉起（爆发力阶段）

- 将杠铃放于膝关节和大腿中部中间，强有力地迅速伸展髋关节、膝关节和踝关节，开始第二次拉起。
- 杠铃向上移动时应尽量贴近躯干。
- 当髋关节、膝关节和踝关节伸展时，肩部保持在杠铃上方，双臂肘关节尽量充分伸展。
- 下肢各关节充分伸展的同时，迅速耸肩。耸肩过程中，双臂肘关节应该保持伸展，朝向外侧。
- 肩部上升到最高点时，屈曲肘关节准备开始将杠铃翻过身体。
- 继续向上拉杠铃，双臂肘关节向上、向外侧移动，将杠铃尽可能往高处拉。
- 三关节伸展带来的向上动量会让躯干和头部竖直或者稍微超伸，并且双脚可能会离开地面。

接杠

将杠铃放在三角肌前束和锁骨上面，结束高翻的接杠阶段，手臂姿势和杠铃位置类似前蹲（详见动作2.1）。

- 第二次拉起阶段结束时，杠铃处于最高点，通过旋转双臂肘关节和腕关节，将其置于杠铃下方，同时屈曲髋关节和膝关节，做出接近微蹲的姿势，将杠铃翻过身体。

- 此时双脚通常会重新接触地面，站距比起始时更宽。
- 杠铃杆应该接在三角肌前束和锁骨上，同时做到以下姿势：
  - 面朝前方；
  - 颈部保持中立位或略微超伸；
  - 双手腕关节超伸；
  - 双臂肘关节充分屈曲；
  - 双上臂平行于地面；
  - 背部中立位或稍微拱起；
  - 脚底完全着地；
  - 身体重心落在脚底中部。
- 接杠时，躯干应几乎完全直立，肩部应稍微向前超过臀部。此时的身体角度和前蹲向下阶段开始时的身体角度相同，这样可以让杠铃落在身体重心上。
- 如果躯干过于直立，杠铃向下的动量会将肩部向后推，造成下背部超伸，有更大的受伤风险。
- 在恢复控制和平衡后，站直，使得身体完全直立。

向下运动

- 每次动作结束时，双臂向回翻转，将杠铃从三角肌前束和锁骨取下，然后缓慢地将其下放到大腿位置。略微屈曲髋关节和膝关节，以缓冲杠铃下落对大腿产生的冲击。
- 以同样的速度屈曲髋关节和膝关节（目的是保持躯干直立的姿势），有控制地使杠铃下落到地面。
- 重新调整杠铃位置和身体姿势，准备下一次动作。

起始姿势／第一次拉起开始

第一次拉起结束／转换阶段开始

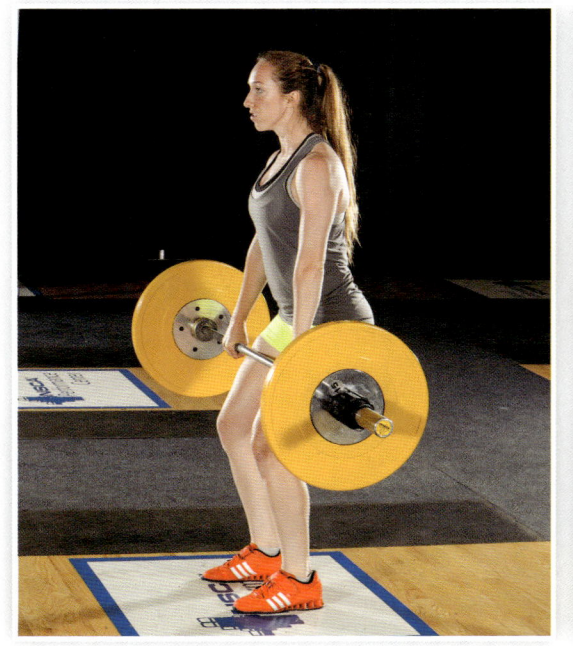

转换阶段结束／第二次拉起开始

第二次拉起结束

第一部分 全 身 **27**

接杠

站直

1.6 悬垂高翻

这个动作和高翻类似，主要区别在于悬垂高翻时杠铃的起始位置不在地面上。悬垂高翻基本上是从转换阶段开始的高翻。因为比起高翻，悬垂高翻时杠铃移动的距离减少，所以训练者对杠铃施加拉力的时间也随之减少。由于杠铃在膝关节上方时没有初始动量，同样的负重下，悬垂高翻需要比高翻动用更多肌肉力量（爆发力）。因此，髋关节、膝关节和踝关节迅速有力的伸展，以及随后的耸肩和手臂拉起杠铃，这些因素在完成悬垂高翻时至关重要。

起始姿势

- 按照准备姿势和举重动作指导将身体调整到正确姿势，再从地面拉起杠铃。
- 站姿、握法和身体起始姿势与高翻一致。缓慢沿着胫骨和大腿将杠铃向上拉起，直到身体直立，将杠铃杆贴在大腿前侧。
- 从这个站立姿势开始，双臂伸展，肘关节朝向外侧，身体前倾，屈曲髋关节和膝关节，将杠铃放在略高于膝关节的位置。
- 之后每次重复，都从这个姿势开始。

向上运动

- 从充分伸展髋关节、膝关节和踝关节（通常被称为三关节伸展）开始动作。
- 肩部保持在杠铃正上方，双臂肘关节尽量充分伸展。下肢各关节充分伸展的同时，迅速耸肩，但保持双臂肘关节伸展并朝向外侧。
- 肩部上升到最高点时，屈曲肘关节，将杠铃翻过身体。杠铃向上移动时应该尽量贴近躯干。
- 继续向上拉杠铃，尽可能往高处拉。这一系列动作可以让杠铃上升到最大高度。
- 三关节伸展会让躯干和头部直立或者稍微超伸，并且双脚可能会离开地面。

接杠

- 当下肢充分伸展并且杠铃接近最高点时，旋转双臂肘关节和腕关节，将其置于杠铃下方，同时屈曲髋关节和膝关节，做出接近微蹲的姿势，将杠铃翻过身体。
- 将杠铃接在三角肌前束和锁骨上，双臂肘关节略微在杠铃前。
- 这时双脚通常会重新接触地面，站距比起始时略宽。
- 在恢复控制和平衡后，蹲起，使身体完全直立。

向下运动

- 每次动作结束时，双臂向回翻转，将杠铃从三角肌前束和锁骨取下，然后缓慢地将其下放到大腿位置。略微屈曲髋关节和膝关节，以缓冲杠铃下落对大腿产生的冲击。
- 如果要继续重复这个动作，首先身体完全站直，然后按照动作指导做出正确的起始姿势。在每次重复动作间歇，不要将杠铃放回地面。
- 一组动作完成后，缓慢地以相同速度屈曲髋关节和膝关节（目的是保持躯干竖直的姿势），有控制地使杠铃落回地面。

起始姿势

向上运动

接杠

1.7 哑铃悬垂高翻

起始姿势

- 用全握式抓住两只哑铃。
- 按照准备姿势和举重动作指导将身体调整到正确姿势,从地面抓起哑铃。
- 缓慢沿着胫骨和膝盖将哑铃向上拉起,直到身体直立,哑铃贴在大腿前侧或靠近大腿两侧。
- 从这个站立姿势开始,双臂充分伸展,身体前倾,屈曲髋关节和膝关节,将哑铃放在膝关节附近。哑铃的具体位置取决于训练者躯干和手臂的长度。
- 之后每次重复,都从这个姿势开始。

向上运动

- 从强力伸展髋关节、膝关节和踝关节(通常被称为三关节伸展)开始动作。
- 哑铃向上加速运动时,应该贴在大腿两侧或保持在靠近大腿的位置。
- 肩部保持在哑铃正上方,双臂肘关节尽量伸展。下肢各关节充分伸展的同时,迅速耸肩,但保持双臂肘关节伸展并朝向外侧。
- 肩部升到最高点时,屈曲双臂肘关节。哑铃向上移动时应该尽量贴近躯干。
- 继续向上拉哑铃,尽可能往高处拉。
- 三关节伸展会让躯干和头部直立或者稍微超伸,并且双脚可能会离开地面。

接铃

- 当下肢充分伸展并且哑铃接近最高点时,旋转双臂肘关节和腕关节,将其置于哑铃下方,同时屈曲髋关节和膝关节,做出接近微蹲的姿势,将哑铃翻过身体。
- 在三角肌前束和锁骨上接住哑铃,双臂肘关节略微在哑铃前。
- 此时双脚通常会重新接触地面,站距比起始时略宽。
- 在恢复控制和平衡之后,站直,使得身体完全直立。

向下运动

- 每次动作结束时,双臂向回翻转,将其从三角肌前束和锁骨取下,然后缓慢地将其下放到大腿位置。略微屈曲髋关节和膝关节,以缓冲哑铃下落对大腿产生的冲击。
- 如果要继续重复这个动作,首先身体完全站直,然后按照动作指导做出正确的起始姿势。在每次重复动作间歇,不要将哑铃放回地面。
- 一组动作完成后,缓慢地以同样的速度屈曲髋关节和膝关节(目的是保持躯干竖直),有控制地使哑铃落回地面。

起始姿势　　　　　　　　　　　　向上运动

第一部分 全 身　　**33**

接铃

1.8 借力推

这个动作包括迅速强有力地屈曲再伸展髋关节和膝关节，将杠铃从肩部向上推过头。虽然向上运动包括了两个阶段，但杠铃的运动应该连续不断。借力推训练需要迅速伸展髋关节和膝关节，让杠铃从肩部加速离开。伸展髋关节和膝关节的推力，只能使杠铃移动一半或三分之二的过头行程。在此高度，杠铃被向上推起（所以这个动作叫作借力推）至头顶，同时髋关节和膝关节在施加推力之后保持完全伸展。

起始姿势

- 使用高翻或悬垂高翻的动作将杠铃从地面翻到肩部，或者在深蹲架或力量训练架中从肩部高度取下杠铃。
- 站直，站距在髋距和肩距之间，脚尖朝向正前方或稍微向外打开。
- 当杠铃放在肩部前侧时，检查确保杠铃是被平衡地正手全握，握距和肩距大约相当。握住杠铃杆的手指应该保持放松。
- 双臂肘关节应该位于杠铃正下方，或者稍微超过杠铃。
- 之后每次重复，都从这个姿势开始。

下沉（积极准备上扬阶段）

- 保持躯干直立、头部中立位的同时，由缓慢到中速地屈曲髋关节和膝关节，让杠铃笔直地向下移动。保持双臂姿势不变。
- 在下沉阶段，臀部不向后移动，而应该保持在肩部正下方。
- 向下运动做的不是下蹲，而是身体下沉一定距离。该距离不超过微蹲或高翻中接杠动作身体下降的距离。还可以参考另一个指标：身体下沉的距离不超过身高的10%。

向上运动（上扬阶段）

- 当身体下沉到最低点时，迅速伸展髋关节、膝关节和踝关节，将杠铃举过头。
- 开始时，杠铃需要放在肩部，以最大程度地利用三关节伸展产生的动量。注意当杠铃向上离开肩部时，脚跟可能会离开地面。

▲ 颈椎必须略微超伸，使得杠铃绕过下颌向上移动（否则杠铃杆会撞到下颌）。

接杠

借力推中，上扬阶段身体产生的力量不足以将杠铃举到头顶。因为上扬阶段之后，髋关节和膝关节已经充分伸展，所以必须通过伸展肩关节（三角肌发力）和双臂肘关节（肱三头肌发力），将杠铃举到头顶。

▲ 一旦杠铃举到头顶之后，确保做出以下姿势：
  - 双臂肘关节充分伸展；
  - 躯干直立并且稳定；
  - 头部位于中立位；
  - 脚底完全着地；
  - 杠铃位于耳朵正上方，或斜后方。

▲ 身体重心在脚底中部。

▲ 完全直立的站姿，以控制住杠铃并且保持平衡。

向下运动

▲ 在完成一次动作之后，逐渐放松双臂肌肉，有控制地将杠铃从头顶位置下放到肩部。髋关节和膝关节同时屈曲，以缓冲杠铃下落对肩部产生的冲击。

▲ 如果要继续重复这个动作，首先身体完全站直，然后按照下沉阶段的动作指导做出正确动作。在每次重复动作间歇，不要将杠铃放回地面或架上。

▲ 当一组动作完成后，首先将杠铃从肩部下放到大腿位置，再放回地面（类似高翻）。同样也可将杠铃放回深蹲架或力量训练架。

36　抗阻训练技巧　美国国家体能协会专用指导手册（第3版）

起始姿势

下沉

上扬

接杠

1.9 半挺

这个动作包括迅速强有力地屈曲再伸展髋关节和膝关节，将杠铃从肩部向上推过头。动作结束时，杠铃位置在头部正上方。半挺动作需要迅速伸展髋关节和膝关节，让杠铃从肩部加速离开。半挺同样也需要髋关节和膝关节强大的推力，让杠铃实际上是被向上丢出（或弹出），然后稍微屈曲髋关节和膝关节，伸展双臂肘关节在头部上方并接住杠铃。

起始姿势

- 使用高翻或悬垂高翻的动作将杠铃从地面翻到肩部，或者在深蹲架或力量训练架中从肩部高度取下杠铃。
- 站直，站距在髋距和肩距之间，脚尖朝向正前方或稍微向外打开。
- 一旦杠铃放在了肩部前侧，检查确保杠铃是被平衡地正手全握，握距大约比肩距略宽。握住杠铃杆的手指应该保持放松。
- 双臂肘关节应位于杠铃正下方，或者稍微超过杠铃。
- 之后每次重复，都从这个姿势开始。

下沉（积极准备上扬阶段）

- 保持躯干直立，头部与脊柱在同一直线上，与此同时，由缓慢到中速地屈曲髋关节和膝关节，让杠铃笔直地向下移动。保持双臂姿势不变。
- 在下沉阶段，臀部不要向后移动，而应该保持在肩部的正下方。
- 向下运动做的不是下蹲，而是身体下沉一定距离。这个距离不会超过微蹲或高翻中接杠动作身体下降的距离。还可以参考另一个指标：身体下沉的距离不超过身高的10%。

向上运动（上扬阶段）

- 当身体下沉到最低点时，迅速伸展髋关节、膝关节和踝关节，将杠铃举过头。
- 开始时，杠铃需要放在肩部，以最大程度地利用三关节伸展产生的动量。注意

- 当杠铃向上离开肩部时,脚跟可能会离开地面。
- 颈椎必须略微超伸,使得杠铃绕过下颌向上移动(否则杠铃杆会撞到下颌)。

接杠

半挺的上扬阶段会在头部正上方接住杠铃,同时双臂肘关节充分伸展,并略微屈曲髋关节和膝关节。

- 在接住杠铃之后,应该屈曲髋关节和膝关节,做出接近微蹲的姿势,目的是在杠铃向上运动到最高点时将其支撑,并且让双脚再次接触地面。
- 应该保持躯干竖直,头部和脊柱在一条直线上,杠铃处于脊柱正上方;目视前方。
- 身体重心在脚底中部。

恢复

- 身体恢复控制和平衡后,伸展髋关节和膝关节到完全直立的姿势,脚底完全着地。
- 当杠铃被稳定在头顶正上方时,锁死双臂肘关节。

向下运动

- 在完成一次动作之后,通过逐渐放松双臂肌肉,有控制地将杠铃从头顶位置下放到肩部。髋关节和膝关节同时屈曲,以缓冲杠铃下落对肩部产生的冲击。
- 如果要继续重复这个动作,首先身体完全站直,然后按照下沉阶段的动作指导做出正确动作。在每次重复动作间歇,不将杠铃放回地面或架上。
- 当一组动作完成之后,首先将杠铃从肩部下放到大腿位置,再放回地面(类似高翻)。同样也可以将杠铃放回深蹲架或力量训练架。

起始姿势

下沉

上扬

接杠

恢复

1.10 分腿挺

这个动作包括迅速强有力地屈曲再伸展髋关节和膝关节，将杠铃从肩部向上推至头顶。杠铃结束位置在头顶正上方，双腿分开做箭步蹲。分腿挺需要迅速伸展髋关节和膝关节，让杠铃从肩部加速离开。分腿挺同样也需要髋关节和膝关节强大的推力，让杠铃实际上是被向上丢出（或者弹出），然后再伸展双臂肘关节在头部上方接住杠铃，同时双腿分开做箭步蹲。

起始姿势

- 使用高翻或悬垂高翻的动作将杠铃从地面翻到肩部，或者在起蹲架或挂片式深蹲架中从肩部高度取下杠铃。
- 站直，站距为髋距，脚趾朝向正前方或稍微向两侧打开。
- 当杠铃放在肩部前侧时，检查确保杠铃是被平衡地正手全握，握距大约比肩距略宽。握住杠铃杆的手指应该保持放松。
- 双臂肘关节应位于杠铃正下方，或者稍微超过杠铃。
- 之后每次重复，都从这个姿势开始。

下沉（积极准备上扬阶段）

- 保持躯干直立，头部与脊柱在同一直线上，与此同时，由缓慢到中速地屈曲髋关节和膝关节，让杠铃笔直地向下移动。保持双臂姿势不变。
- 在下沉阶段，臀部不要向后移动，而应该保持在肩部正下方。
- 向下运动做的不是下蹲，而是身体下沉一定距离。这个距离不会超过微蹲或高翻中接杠动作身体下降的距离。还可以参考另一个指标：身体下沉的距离不超过身高的10%。

向上运动（上扬阶段）

- 当身体下沉到最低点时，迅速伸展髋关节、膝关节和踝关节，将杠铃举过头。
- 开始时，杠铃需要放在肩部，以最大程度地利用三关节伸展产生的动量。

- 要做出箭步动作，迅速地让一只腿朝前迈，另一只腿向后伸出。两脚保持一定的水平间距，以维持两侧平衡。
- 颈椎必须略微超伸，以使杠铃绕过下颌向上移动（否则杠铃杆会撞到下颌）。

接杠

分腿挺的上扬阶段会在头部正上方抓取杠铃，同时双臂肘关节充分伸展，做出箭步蹲姿势。

- 通过迅速分开双腿，做出箭步蹲姿势，并且推出在上扬阶段中上升的杠铃，将其接住，目的是在杠铃向上运动到最高点时将其支撑，并且让双脚再次接触地面。
- 箭步蹲双腿分开，双脚落地时站距比起始时稍微宽些。
- 前脚完全着地，后脚脚跟离开地面。
- 前腿胫骨和后腿的大腿应该接近垂直于地面。双腿分开的合适距离可以取决于这两个角度。
- 应该保持躯干直立，头部和脊柱在一条直线上，杠铃处于脊柱正上方；目视前方。

恢复

- 身体恢复控制和平衡之后，前腿向后收，距离为箭步蹲时双腿间距的一半，然后再将后腿向前迈出同样距离。通过这两个动作，站直身体。收回双腿后，双脚应该在箭步蹲时双脚位置的中间，并互相平行。
- 杠铃举到头顶时，与头部、肩部、臀部、膝盖和脚踝竖直对齐。

向下运动

- 在完成一次动作之后，通过逐渐放松双臂肌肉，有控制地将杠铃从头顶位置下放到肩部。此时髋关节和膝关节同时屈曲，以缓冲杠铃下落对肩部产生的冲击。
- 如果要继续重复这个动作，首先身体完全站直，然后按照下沉阶段的动作指导做出正确动作。在每次重复动作间歇，不将杠铃放回地面。

▸ 当一组动作完成之后，首先将杠铃从肩部下放到大腿位置，再放回地面（类似高翻）。也可以将杠铃放回深蹲架或力量训练架。

起始姿势　　　　　　　　　　　　　　　下沉

向上运动

接杠

恢复——收回前腿

恢复——收回后腿

第二部分

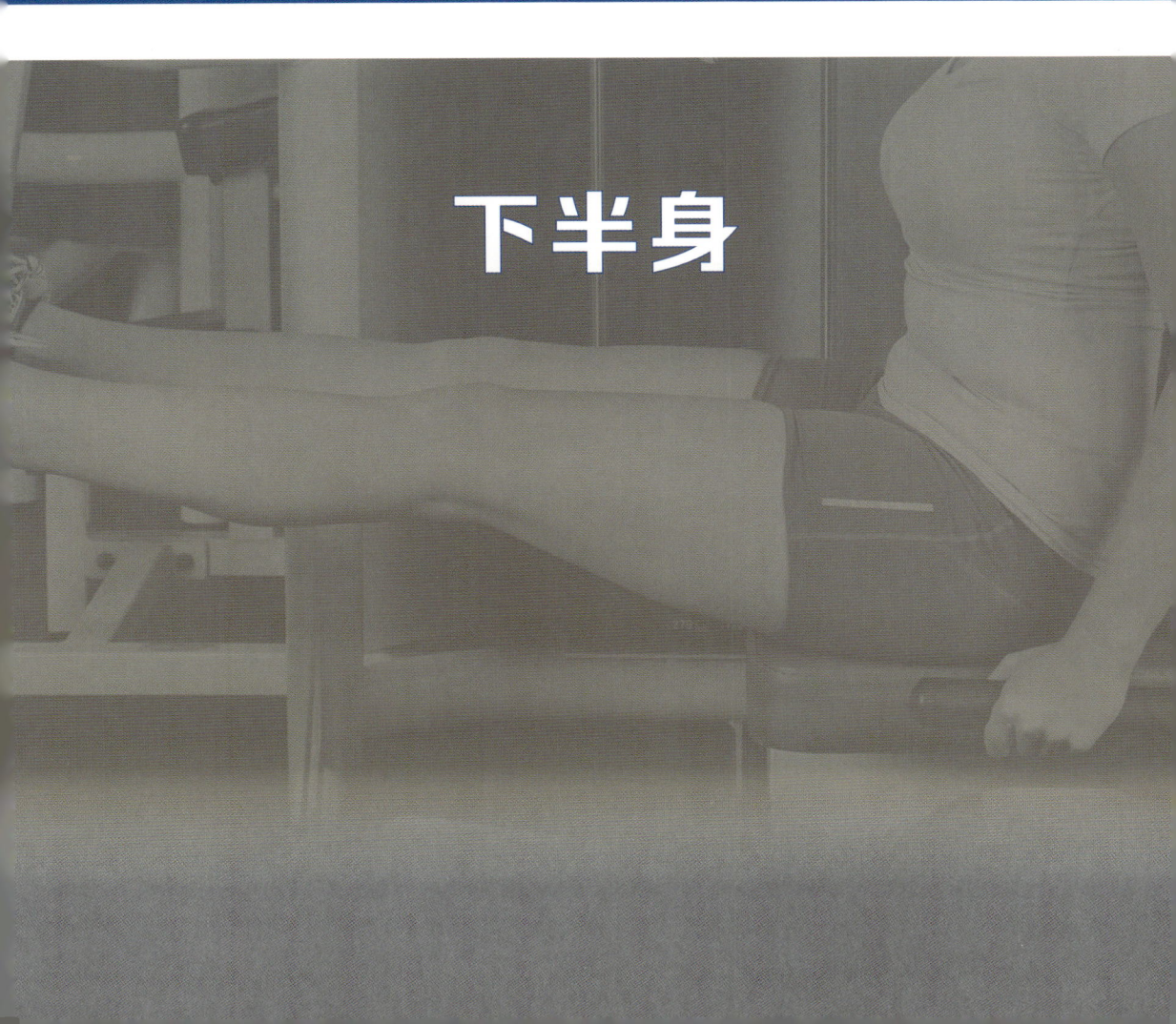

下半身

臀部和大腿（多关节）训练

名称	动作描述	主要参与肌肉 肌群或身体部位	主要参与肌肉 肌肉
前蹲	髋关节伸展	臀肌	臀大肌
		腘绳肌	半膜肌 半腱肌 股二头肌
	膝关节伸展	股四头肌	股外侧肌 股中间肌 股内侧肌 股直肌
后蹲	髋关节伸展	臀肌	臀大肌
		腘绳肌	半膜肌 半腱肌 股二头肌
	膝关节伸展	股四头肌	股外侧肌 股中间肌 股内侧肌 股直肌
硬拉	同前蹲、后蹲		
罗马尼亚硬拉（RDL） （抓举握法和挺举握法）	髋关节伸展	臀肌	臀大肌
		腘绳肌	半膜肌 半腱肌 股二头肌
腿部推举（器械）	同前蹲、后蹲		
坐姿腿举（器械）	同前蹲、后蹲		
登阶	同前蹲、后蹲		
前箭步蹲	同前蹲、后蹲，但还用到以下肌肉：		
	髋关节伸展	（后腿的）髋屈肌	股直肌 髂腰肌
	踝关节跖屈	（前腿的）小腿后侧	比目鱼肌 腓肠肌
反向腿弯举	膝关节伸展	腘绳肌	半膜肌 半腱肌 股二头肌
	髋关节伸展	臀肌	臀大肌
	脊柱伸展	竖脊肌 *	竖脊肌

这个图标表示此训练动作需要保护者在场，后文不再标注。
*很多参考资料认为竖脊肌在此训练动作中充当稳定肌群。

2.1　前蹲

起始姿势：训练者

- 在肩高简易深蹲架（也可以是深蹲架或力量训练架）上，将杠铃置于大约腋窝高度的插销或挂钩上。向前靠近杠铃，使肩部前侧、臀部和双脚位于杠铃正下方。
- 选择以下一种手掌/手臂姿势抓住杠铃杆。
  - 最常见的是高翻或者双臂平行姿势：平衡地正手全握杠铃，握距大约比肩距略宽；围绕杠铃杆旋转双臂，将其置于三角肌前束和锁骨顶端，双手掌背侧应轻触肩部顶端或置于其外侧，靠近杠铃杆与三角肌接触的位置；抬起双臂肘关节，上臂平行于地面，双手腕关节应该超伸，双臂肘关节充分屈曲。
  - 另外，可以用双臂交叉姿势开始：双臂肘关节屈曲，在胸前交叉双臂；双手不碰杠铃，移动身体，将杠铃平衡地放在三角肌前束上；身体做出正确姿势之后，双手放在杠铃杆上，用手指的压力固定其位置，注意手是半握住杠铃杆，拇指无法环绕杠铃杆，因为肩部贴在杠铃杆上；抬高双臂肘关

双臂平行姿势　　　　　　　　　　　　　　双臂交叉姿势

节，使上臂平行于地面。

- 两种握杠姿势都需要保持双臂肘关节抬高并前伸。这对杠铃稳定在肩部很重要。
- 示意保护者开始协助，伸展髋关节和膝关节，将杠铃从插销或挂钩取出，然后向后走一步。注意深蹲架的边框。如果在有四根支柱的箱式深蹲架中做这个动作，向后走的距离大概只有30~46厘米，留出足够的空间（前方和后方），以便在做动作时杠铃不会碰到边框。
- 双脚分开，站距在髋距和肩距之间，脚尖稍微向外打开，使膝盖位于双脚的正上方。
- 站直，肩胛骨向后缩，头部稍微向后倾斜，胸部向上、向前挺出，背部中立位或稍微拱起。
- 之后每次重复，都从这个姿势开始。

起始姿势：两位保护者

- 直立在杠铃两端，站距与肩距同宽，膝关节微屈。
- 双手拇指交叉，手掌朝向杠铃杆，握住杠铃杆末端。
- 一经示意，协助训练者从插销或者挂钩上起杠，并协助保持杠铃平衡。
- 在训练者向后走时，与其同步侧向移动。
- 平稳地释放杠铃。
- 双手手掌在杠铃两端下方5~8厘米的位置。
- 训练者做好起始姿势之后，保护者采取与肩同宽的站距，膝盖微屈，躯干直立。

向下运动：训练者

- 开始这个动作时，有控制地缓慢屈曲髋关节和膝关节。
- 保持背部中立位或者稍微拱起，双臂绷紧；杠铃下降时上背部不要拱起或前倾。
- 目光集中朝向前方，稍微高于水平面，头部稍微向后倾斜。

- 将身体重心保持在脚底中部和脚跟；身体下降时脚跟不要从地面抬起。
- 膝关节屈曲时，将其对齐并保持在双脚正上方。
- 继续向下运动，直到达到以下三个状态（它们决定了动作的最大范围，或下蹲的最低点）之一：
  - 大腿和地面平行（如果可以实现的话）；
  - 躯干开始拱起或前屈；
  - 脚跟从地面抬起。
- 实际下蹲的深度取决于下肢关节的柔韧性。
- 保持身体紧绷，使其处于控制中；在向下运动的最低点不要反弹或放松双腿和躯干。

向下运动：两位保护者

- 杠铃下降时，双手拇指交叉，手掌接近但不触碰杠铃杆。
- 稍微屈曲膝关节、髋关节和躯干，跟随杠铃路径时保持背部中立位。

向上运动：训练者

- 伸展髋关节和膝关节，有控制地推起杠铃。

下蹲到最低点姿势

- 背部保持中立位或稍微拱起，并保持手臂绷紧。杠铃上升之后，保持头部稍微向后倾斜，胸部向前、向上挺出，以对抗身体前倾的倾向。
- 整个脚底发力，向上推杠铃；身体重量均匀分布在脚跟和脚底中部之间，以此保持双脚完全着地，以及臀部在杠铃下方。不要让身体重心向前转移到大脚趾球。
- 保持膝关节和双脚对齐；膝关节伸展时不要内扣或外翻。
- 继续以平稳的速度向上推杠铃，直到髋关节和膝关节充分伸展回到起始姿势。
- 当一组动作完成后，示意保护者协助放回杠铃，直到杠铃两端在插销或者挂钩上不动后再松手。

向上运动：两位保护者

- 杠铃上升时，双手拇指交叉，手掌接近但不触碰杠铃杆。
- 稍微伸展膝关节、髋关节和躯干，跟随杠铃路径时保持背部中立位。
- 一组动作完成后，一经示意，在训练者向深蹲架走时，与其同步侧向移动。
- 同时握住杠铃杆两端，在杠铃被放回插销或挂钩时协助训练者保持杠铃平衡。
- 平稳地释放杠铃。

起始姿势

向下运动

第二部分 下半身

向上运动

落杠

2.2 后蹲

起始姿势：训练者

- 在肩高简易深蹲架（也可以是深蹲架或力量训练架）上，将杠铃置于大约腋窝高度的插销或挂钩上。向前靠近杠铃，使颈部底端（或上背部中间）、臀部和双脚位于杠铃正下方。
- 选择以下一种位置，以相应姿势握住杠铃杆。
  - 以低杠位姿势做后蹲，做到以下几点：将杠铃平衡地放在三角肌后束顶端，斜方肌中央；正手全握杠铃，握距比肩距宽，对大部分人而言，握距要足够宽，以减少低杠位姿势带来的不适；另外一种握杠方法是半握，半握可能让手腕感觉更舒适。如果使用半握，注意它不如全握对杠铃的控制强。
  - 以高杠位姿势做后蹲，做到以下几点：将杠铃平稳地放在三角肌后束之上，颈部底端；正手全握杠铃，握距比肩部略宽。
- 不管采用哪种杠位，都抬高双臂肘关节，让上背部肌肉和肩部肌肉一起形成支架，用以放置杠铃（抬高手肘的姿势也让手臂保持对杠铃的压力，防止其从背部下滑）。

低杠位姿势　　　　　　　　　　　高杠位姿势

- 示意保护者开始协助，伸展髋关节和膝关节，将杠铃从插销或挂钩上取出，然后向后走一步。注意深蹲架的边框。如果在有四根支柱的箱式深蹲架中做这个动作，向后走的距离大概只有30～46厘米，要留出足够的空间（前方和后方），以便在做动作时杠铃不会碰到边框。
- 双脚分开，站距在髋距和肩距之间；脚尖稍微向外打开，使膝盖位于双脚的正上方。
- 站直，肩胛骨向后缩，头部稍微向后倾斜，胸部向上、向前挺出，背部中立位或稍微拱起。
- 之后每次重复，都从这个姿势开始。

起始姿势：两位保护者

- 直立在杠铃两端，站距与肩距同宽，膝关节微屈。
- 双手拇指交叉，手掌朝向杠铃杆，握住杠铃杆末端。
- 一经示意，协助训练者从插销或者挂钩上起杠，并协助保持杠铃平衡。
- 在训练者向后走的同时，与其同步侧向移动。
- 平稳地释放杠铃。
- 双手手掌在杠铃两端下方5～8厘米的位置。
- 训练者做好起始姿势之后，保护者采取与肩同宽的站距，膝盖微屈，躯干直立。

向下运动：训练者

- 开始这个动作时，有控制地缓慢屈曲髋关节和膝关节。
- 保持背部中立位或者稍微拱起，以及双臂肘关节上抬的姿势；杠铃下降时上背部不要拱起或前倾。
- 目光集中朝向前方，稍微高于水平面，头部略向后倾斜。
- 将身体重心保持在脚底中部和脚跟；身体下降时脚跟不要从地面抬起。
- 膝关节屈曲时，保持其和双脚对齐。
- 继续向下运动，直到达到以下三个状态（它们决定了动作的最大范围，或下蹲的最低点）之一：

- 大腿和地面平行（如果可以实现的话）；
- 躯干开始拱起或前屈；
- 脚跟离开地面。

▸ 实际下蹲的深度取决于下肢关节的柔韧性。

▸ 保持身体紧绷，使其处于控制中；在向下运动的最低点不要反弹或放松双腿和躯干。

向下运动：两位保护者

▸ 杠铃下降时，双手拇指交叉，手掌接近但不触碰杠铃杆。

▸ 稍微屈曲膝关节、髋关节和躯干，跟随杠铃路径时保持背部中立位。

向上运动：训练者

▸ 伸展髋关节和膝关节，有控制地推起杠铃。

▸ 保持背部中立位或稍微拱起，以及双臂肘关节抬高的姿势。杠铃上升之后，保持头部稍微向后倾斜，并保持胸部向前、向上挺出，以此对抗身体前倾的倾向。

▸ 整个脚底发力，向上推杠铃；身体重量均匀分布在脚跟和脚底中部之间，以此

下蹲到最低点姿势

保持双脚完全着地，以及臀部位于杠铃下方。不要让身体重心向前转移到大脚趾球。
- 保持膝关节和双脚对齐；膝关节伸展时不要内扣或外翻。
- 继续以平稳的速度向上推杠铃，直到髋关节和膝关节充分伸展回到起始姿势。
- 当一组动作完成后，示意保护者协助放回杠铃，直到杠铃两端在插销或者挂钩上不动后再松手。

向上运动：两位保护者

- 杠铃上升时，双手拇指交叉，手掌接近但不触碰杠铃杆。
- 稍微伸展膝关节、髋关节和躯干，并且跟随杠铃路径时保持背部中立位。
- 一组动作完成后，一经示意，在训练者向深蹲架走的同时，与其同步侧向移动。
- 同时握住杠铃杆两端，在杠铃被放回插销或挂钩时协助保持杠铃平衡。
- 平稳地释放杠铃。

起始姿势

向下运动

第二部分　下半身　59

向上运动

落杠

2.3 硬拉

起始姿势

这个动作的起始姿势和高翻的起始姿势一样。有另外一种常见的握法：一只手反握，另一只手正握（通常情况下，正握那只手起主导作用）。这样握杆的姿势被称为正反握。这种握法的优点在于在增加负重时，能更牢固地抓稳杠铃。硬拉不一定要用正反握，也有人仍然用双正握，他们会借助助力带让自己握杆更加牢固。以下照片展示的均为典型的正握方式。

- 做下蹲动作，期间保持臀部低于肩部，全握杠铃，握距和肩宽一致（或者稍宽）。
- 双脚分开，站距在髋距和肩距之间；脚尖稍微向外打开，使膝盖位于双脚的正上方。
- 双臂打开，放在膝关节两侧，肘关节充分伸展，朝向外侧。
- 杠铃放在胫骨前约3厘米、大脚趾球正上方的位置。
- 在起杠之前，按照准备姿势和举重动作指导调整身体到正确姿势，再从地面拉起杠铃。躯干、臀部、膝盖和杠铃的准确位置，取决于训练者肢体的长度和下肢关节的柔韧性。
- 之后每次重复，都从这个姿势开始。

向上运动

- 开始向上拉起杠铃，有控制地缓慢伸展膝关节和髋关节。保持躯干和地面之间角度不变，不要在肩部移动之前就抬高臀部，臀部抬高的速度不要快过肩部，保持后背中立位或稍微拱起。
- 保持双臂肘关节充分伸展，头部和脊柱处于同一条直线，肩部位于杠铃正上方，或稍微超过杠铃。
- 上升过程中，尽可能让杠铃杆靠近胫骨，同时稍微将身体重心转移到脚跟。
- 一旦杠铃上升到刚超过膝盖部位，将身体重心向前脚掌转移，同时脚跟保持和地面接触。
- 保持背部中立位或者稍微拱起，肩部位于杠铃正上方，或稍微超过杠铃，头部和脊柱处于同一条直线。
- 继续伸展髋关节和膝关节，直到身体完全直立。

向下运动

- 以同样的速度屈曲髋关节和膝关节，有控制地下放杠铃到地面。
- 下降过程中，让杠铃尽可能地贴近大腿和胫骨。
- 保持背部中立位或者稍微拱起，肩部位于杠铃正上方，或稍微超过杠铃，头部和脊柱处于同一条直线。
- 让杠铃片下落到地面，之后立即（没有停顿）重复下一次动作，拉起杠铃。

起始姿势

向上运动

结束姿势

2.4　罗马尼亚硬拉

起始姿势

- 正手全握杠铃杆。握杆时可以使用挺举握法或抓举握法。
- 按照硬拉（详见动作2.3）起始姿势的动作指导，调整身体到正确的起始姿势。但有一点重要的区别：罗马尼亚硬拉时膝关节略微屈曲，并且在整个向上和向下过程中都保持这个姿势。
- 之后每次重复，都从这个姿势开始。

向下运动

- 缓慢降低杠铃，开始向下运动阶段，确保杠铃向下移动时尽量贴近身体。
- 杠铃一旦下降，髋关节屈曲并向后移动。
- 保持手臂伸直、放松，让下肢承受负重。
- 臀部向后移动时，膝关节保持微屈。
- 臀部向后移动时，肩部向前移动，并且始终保持在杠铃正上方或向前超过杠铃的位置。
- 重心开始落在脚底中部，并且在杠铃下降过程中朝脚跟移动。

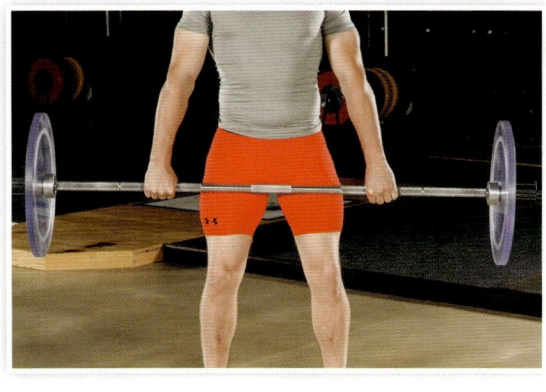

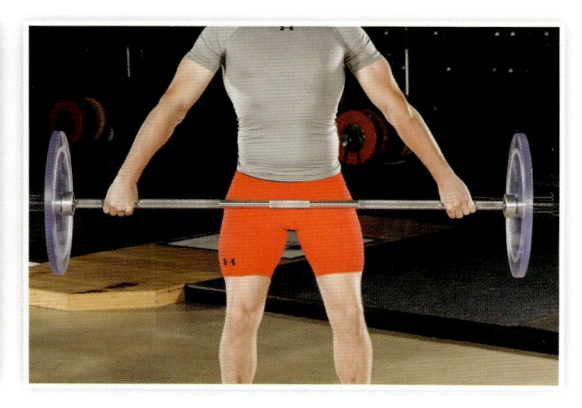

挺举握法　　　　　　　　　　　　　　抓举握法

- 让杠铃下降到膝关节下方胫骨粗隆的位置，或下降到脊柱无法保持中立位时。

向上运动

- 一旦杠铃下降到最低点，便伸展髋关节以开始向上运动。
- 杠铃应该尽量贴近身体。
- 髋关节伸展时，臀部向前移动，与此同时，躯干在转向竖直过程中肩部向后移动。
- 保持手臂伸直、放松，让下肢承受负重。
- 重心开始落在脚跟，并且在杠铃上升过程中朝脚底中部移动。
- 继续向上运动，直到身体姿势恢复到起始状态。

起始姿势　　　　　　　　　　　　　　　向下和向上运动

2.5 腿部推举（器械）

起始姿势

- 坐在倒蹬机座位上，头部、背部、髋部、臀部均匀地贴住相应靠垫（例如，贴在靠垫的中心，既不偏左也不偏右）。有些倒蹬机装有肩部靠垫，训练者可以让肩部卡在靠垫下方。
- 除了下肢，身体所有部位都需要贴紧靠垫，这样脊柱和下背部会得到最大的支撑。如果背部靠垫的角度可调，将它上下移动，调整背部位置，当双脚正确地放在踏板上，膝关节充分伸展时，躯干会和下肢形成约90°夹角（夹角在髋关节处）。
- 双脚距离在髋距和肩距之间，脚底完全踩在踏板上，脚尖稍微向外打开，左右脚的姿势需要保持一致——双脚和踏板左右边缘距离一样，打开角度相同。
- 双腿相互平行。
- 手握把手或倒蹬机的框架，并同时伸展髋关节和膝关节，将踏板推高3～5厘米。
- 踏板升高时，髋部和臀部贴紧座位，背部平衡地贴紧靠垫。
- 解除踏板处的保险栓。不同的倒蹬机，保险装置不同，但大部分装有一个或两个靠近身体的手柄，可以向外转或移动。
- 解除保险栓之后，再次握住把手或倒蹬机框架，稳定身体的位置。

双脚姿势

- 伸展髋关节和膝关节，但不锁死膝关节，将踏板推到起始位置。
- 下肢支撑踏板时，保持静止不动。
- 之后每次重复，都从这个姿势开始。

向下运动

- 开始有控制地缓慢屈曲髋关节和膝关节。
- 髋部和臀部贴紧座位，背部平衡地贴紧靠垫。
- 双腿打开，保持相互平行；如果腿部偏离平行位置，会给下背部和膝关节带来过多压力。膝关节屈曲时，保持其和双脚对齐。
- 继续让踏板向下，直到出现以下四个状态中任意一个（它们决定了动作的最大范围，或踏板下落的最低点）：
  - 大腿和踏板平行（如果可以实现的话）；
  - 臀部离开座位；
  - 髋部卷曲脱离和靠垫的接触；
  - 脚跟从踏板抬起。
- 运动范围取决于脊柱、髋关节、膝关节和踝关节的柔韧性，同时也受倒蹬机设计特点和调节范围的影响。
- 踏板落到最低点，不要放松腿部或躯干，也不要蹬腿让踏板迅速向上弹，急于重复下一次动作。

向上运动

- 伸展髋关节和膝关节，有控制地推起踏板，期间脚底保持完全和踏板接触。
- 髋部和臀部贴紧座位，背部平衡地紧贴靠垫。不要移动髋部或臀部，以免它们离开座位。
- 双腿保持相互平行；膝关节伸展时不要内扣或外翻。
- 继续向上推踏板，直到膝关节充分伸展，但不用力锁死。
- 一组动作完成后，轻微屈曲髋关节和膝关节，放回保险栓，让踏板下落直到它回到起始位置，之后起身走出倒蹬机。

起始姿势

向下和向上运动

2.6 坐姿腿举（器械）

起始姿势

- 坐在坐姿腿举器座位上，头部、背部、髋部、臀部均匀地贴住相应靠垫（例如，贴在靠垫的中心，既不偏左也不偏右）。
- 除了下肢，身体所有部位都需要贴紧靠垫。这样脊柱和下背部会得到最大的支撑。如果踏板或座椅的水平位置可以调节，将它们向前或向后移动，以便在坐下开始做起始姿势时，大腿平行于踏板。
- 双脚距离在髋距和肩距之间，脚底完全贴在踏板上，脚尖稍微向外打开。左右脚姿势保持一致——左脚和踏板左侧边缘的距离等于右脚和踏板右侧边缘的距离。双脚以相同的角度向外打开。
- 双腿保持相互平行。
- 手握把手或座位边缘。
- 之后每次重复，都从这个姿势开始。

向前运动

- 开始向前动作，有控制地缓慢伸展膝关节和髋关节，将踏板向前推出（注意：在有些器械中，踏板位置固定，蹬腿时座位向后移动）。双脚保持完全贴在踏板上。
- 保持头部、肩部、背部、髋部、臀部均匀地贴住相应靠垫；不要移动髋部或让臀部离开座位。
- 双腿保持平行，膝关节伸展时不要内扣或外翻。
- 继续向前推踏板，直到膝关节充分伸展，但不要用力锁死。

向后运动

- 缓慢屈曲髋关节和膝关节，让踏板回到起始位置。
- 保持头部、肩部、背部、髋部、臀部均匀地贴住相应靠垫。

- 双腿保持相互平行；如果腿部偏离平行位置，会给下背部和膝盖带来过多压力。膝关节屈曲时，保持与双脚对齐。
- 继续屈曲髋关节和膝关节，直到大腿平行于踏板。
- 一组动作完成后，松开把手或座位边缘，离开器械。

起始姿势

向前和向后运动

2.7 登阶

用于此动作的箱子应该有足够大的面积，让训练者双脚（鞋子）放在上面，并且脚跟后方和脚趾前方留有额外的空间。箱子高度应该为30~46厘米，或足够使前腿踏在箱子上时，膝关节和髋关节同时屈曲成90°。箱子应置于防滑地面，同时顶面能够防滑。

起始姿势：训练者

- 将杠铃置于深蹲架或力量训练架外侧，高度大约在腋窝位置。向前靠近杠铃，使颈部底端（或上背部中间）、臀部和双脚位于杠铃正下方。
- 将杠铃平稳地放在三角肌后束之上，颈部底端位置（就像在高杠位后蹲动作中做的那样）。
- 正手平衡地全握杠铃，握距大约比肩距略宽。
- 抬高双臂肘关节，与上背部肌肉和肩部肌肉一起形成支架，用以放置杠铃（抬高手肘的姿势也能让手臂保持对杠铃的压力，防止其从背部下滑）。
- 示意保护者开始协助，之后伸展髋关节和膝关节，从插销或者挂钩上起杠。小步移动，靠近箱子正前方。
- 站距为髋距，脚尖向正前方。
- 之后每次重复，都从这个姿势开始。

起始姿势：保护者

- 直立，靠近训练者后方（但不要太近，以免对训练者造成干扰）。
- 站距与肩同宽，膝关节稍微屈曲。
- 一经训练者示意，协助训练者从深蹲架上起杠和保持杠铃平衡。
- 在训练者移动到起始位置的过程中，与其同步移动。
- 训练者做好起始姿势之后，采取与髋同宽的站距，膝关节微屈，躯干直立。
- 双手靠近训练者髋部、腰部或躯干。

向上运动：训练者

- 向前踏出一只腿（前腿），前脚第一次碰到箱子，需要整个脚掌和箱子表面接触；不要让脚跟悬在箱子边缘外。
- 保持躯干直立，身体不要前倾。
- 后脚保持在起始位置，但将身体重心转移到前腿上。
- 用力伸展前腿的髋关节和膝关节，带动身体向上，站到箱子上面；此时后腿或后脚不要蹬地或弹起。
- 前腿髋关节和膝关节充分伸展，站立在箱子上面时，身体带动后腿向上，并将后脚落在箱子表面，与前脚相邻。
- 身体运动到最高点时，直立并暂停动作，准备向下阶段动作。

向上运动：保护者

- 训练者向上迈步站到箱子上时，一条腿向前迈出一小步。
- 训练者向上移动到最高点，后腿向前迈步，与前腿相邻。
- 双手尽可能靠近训练者的髋部、腰部或躯干。
- 只有在需要时，才协助训练者保持平衡。

向下运动：训练者

- 将身体重心转移到向上阶段先迈出的前腿。
- 后腿离开箱子表面。
- 后退离开箱子期间，保持躯干直立。
- 后脚落回地面，落脚点和起始姿势的位置一致。
- 后脚完全落地之后，将身体重心转移到后腿。
- 前腿离开箱子表面。
- 前脚放回起始位置，与后脚相邻。
- 以起始姿势直立，停顿片刻，让身体完全平衡，之后更换另一只腿作为前腿，重复动作（有些训练者会在做一组动作时重复喊出口令"上—上—下—下"，以此帮助自己正确地做动作）。
- 当一组动作完成后，示意保护者协助放回杠铃，直到杠铃两端在插销或者挂钩上不动后再松手。

向下运动：保护者

- 训练者向下移动，回到地面时，保护者向前迈步时的后腿向后退一小步。
- 训练者前腿离开箱子时，保护者前腿也向后退一步。
- 双手靠近训练者的髋部、腰部或躯干。
- 以起始姿势直立，停顿片刻等待训练者，同时准备前后腿互换。
- 只在有必要时协助训练者保持平衡。
- 一组动作结束后，经示意，协助训练者将杠铃放回深蹲架。

起始姿势　　　　　　　　　　　前脚第一次和箱子接触

第二部分　下半身　73

向上运动中间点　　　　　　　　　　　　　　完成向上运动

2.8 前箭步蹲

这个动作能以不同方式向许多方向做。很多人不用负重，因为自重足够作为阻力。熟练掌握负重训练技巧的训练者可以用杠铃增加额外阻力。另一种增加阻力的方法是手握一对哑铃，如果想增加阻力，但难以保持杠铃平衡或没有保护者在场，哑铃会很有用。在任何情况下，这个动作都需要足够大（或至少足够长）的场地。

起始姿势：训练者

- 将杠铃置于深蹲架或力量训练架外侧，高度大约在腋窝位置。向前靠近杠铃，使颈部底端（或上背部中间）、臀部和双脚位于杠铃正下方。
- 将杠铃平稳地放在颈部底端，三角肌后束以上的位置（就像在高杠位后蹲动作中做的那样）。
- 正手平衡地全握杠铃，握距大约比肩距略宽。
- 抬高双臂肘关节，让上背部肌肉和肩部肌肉一起形成支架，用以放置杠铃（抬高手肘的姿势也能让手臂保持对杠铃的压力，防止其从背部下滑）。
- 示意保护者开始协助，之后伸展髋关节和膝关节，从插销或者挂钩上起杠。向后退两三步的距离。
- 站距为髋距，脚尖向正前方。
- 之后每次重复，都从这个姿势开始。

起始姿势：保护者

- 直立，靠近训练者后方（但不要太近，以免对训练者造成干扰）。
- 双脚站距与肩同宽，膝关节稍微屈曲。
- 一经示意，协助训练者从深蹲架上起杠和保持杠铃平衡。
- 训练者移向起始位置过程中，与其同步移动。
- 训练者做好起始姿势之后，采取与髋部同宽的站距，膝关节微屈，躯干直立。
- 双手靠近训练者臀部、腰部或躯干。

向前运动：训练者

- 一只腿向前迈一大步，这只腿被称作前腿。
- 前脚和地面接触时，保持躯干直立，手臂绷紧。后腿留在起始位置，但当前腿迈出时，将身体重心转移到后腿的大脚趾球，并且稍微屈曲后腿膝关节。
- 前脚稳固地完全着地，脚趾朝向前方，或稍微向内。为了保持平衡，前脚落地位置需要在起始位置的正前方，并且前腿踝关节、膝关节和髋关节需要处于同一竖直平面内。迈步落地点不要偏左或偏右，也不要让膝关节内扣或外翻。
- 当重心转移到双脚上，身体保持稳定之后，屈曲前腿膝关节，让后腿向地面靠近。
- 此时躯干需要保持直立，收紧肩部，面朝前方。感觉上身坐在后腿上，视线朝向正前方，躯干不要前倾。
- 继续下降，身体下降到理想最低点时应符合以下两个状态中任意一个：后腿膝关节距离地面3～5厘米；前腿膝关节屈曲成约90°，小腿和地面垂直，脚完全着地。前腿膝关节不能超过脚尖。实际练习中，身体下降的深度主要取决于髋关节的柔韧性，尤其是髂腰肌。
- 充分背屈后腿踝关节，脚趾充分伸展。

向前运动：保护者

- 迈出和训练者前腿同侧的一条腿。
- 前腿膝关节和脚掌与训练者前腿的膝关节和脚掌对齐。
- 前脚放在训练者前脚之后30～46厘米。
- 训练者屈曲前腿膝关节时，保护者也屈曲前腿膝关节。
- 保持躯干直立。
- 双手靠近训练者的髋部、腰部或躯干。
- 只在需要时协助训练者保持平衡。

向后运动：训练者

- 将重心转移到前脚，并且跖屈前脚踝关节，伸展前腿膝关节和髋关节，用力蹬地。此时上半身不要突然后仰，保持直立姿势。
- 前脚向后移动靠近后脚时，身体重心回到后脚。后脚的脚跟开始重新接触地面。
- 前脚向后移动到与后脚相邻的位置。不要零碎小步向后挪。
- 前脚回到起始位置，完全着地，将身体重量均匀分配到双脚。此时躯干应该直立，类似起始姿势。
- 以起始姿势直立，停顿片刻，让身体完全平衡，之后更换另一只腿作为前腿，重复动作。
- 在组内重复练习时，有些训练者会将此动作分解成更小的部分，以此帮助自己正确地做动作：
  - 向前迈步；
  - 前脚稳定地完全着地；
  - 身体竖直下降，再起身；
  - 向上起立；
  - 前脚离开地面，恢复起始站姿。
- 当一组动作完成后，示意保护者协助放回杠铃，直到杠铃两端在插销或者挂钩上不动后再松手。

向后运动：保护者

- 前腿蹬地，带动身体向后，和训练者保持步调一致。
- 前脚放回起始位置，与后脚相邻，不要零碎小步向后挪。
- 双手靠近训练者的髋部、腰部或躯干。
- 以起始姿势直立，停顿片刻，等待训练者，之后更换另一只腿作为前腿，重复动作。
- 只在需要时协助训练者保持平衡。
- 一组动作结束后，经示意，协助训练者将杠铃放回深蹲架。

第二部分　下半身　77

起始姿势

开始向前运动

完成向前运动

向后运动的中间点

2.9 反向腿弯举

起始姿势

- 先俯卧在罗马椅上，脚踝放进滚轴垫中，双脚紧靠踏板，并将大腿（刚过膝关节的大腿部分）压在靠垫上。
- 将膝关节屈曲接近90°，让上半身与地面垂直。
- 肩部、髋部和膝关节与头部在同一条直线上，头部保持中立位。
- 双臂交叉放在胸前。

向下运动

- 缓慢伸展膝关节，开始向下运动。
- 肩部、髋部和膝关节保持在同一条直线上，双臂交叉放在胸前。
- 躯干和大腿对齐，和地面趋于平行（平俯姿势）。屈曲髋关节，充分伸展膝关节。这样做可以让大腿沿着靠垫向上移动，髋关节贴着靠垫顶端屈曲。此时上半身继续向下移动，直到接近与地面垂直的位置（俯身最低点）。
- 在俯身最低点，肩部和髋部仍然与头部保持在同一条直线上，头部中立位。

向上运动

- 伸展髋关节，开始向上运动。
- 髋部和肩部保持在同一条直线上。
- 躯干和大腿移动到与地面平行的位置时，屈曲膝关节，让大腿沿着靠垫向下移动，髋关节随后贴着靠垫顶端伸展。
- 继续伸展髋关节，将膝关节屈曲接近90°，让上半身回到起始姿势。

第二部分　下半身　　79

起始姿势

平俯姿势

俯身最低点

臀部和大腿（单关节）训练

名称	动作描述	主要参与肌肉	
		肌群	肌肉
直腿硬拉	髋关节伸展	臀肌	臀大肌
		腘绳肌	半膜肌 半腱肌 股二头肌
	脊柱伸展	竖脊肌*	竖脊肌
早安式体前屈	髋关节伸展	腘绳肌	半膜肌 半腱肌 股二头肌
		臀肌	臀大肌
	脊柱伸展	竖脊肌*	竖脊肌
坐姿腿屈伸（器械）	膝关节伸展	股四头肌	股外侧肌 股中间肌 股内侧肌 股直肌
坐姿腿弯举（器械）	膝关节伸展	腘绳肌	半膜肌 半腱肌 股二头肌

*很多参考资料认为竖脊肌在这两个训练动作中充当稳定肌群。

2.10 直腿硬拉

熟练掌握负重训练技巧的训练者可能会将地面垫高，以更大的运动范围来完成这个动作。垫高之后，不是让杠铃片触碰地面，而是让杠铃杆下落，触碰训练者脚背。应注意的是，如果要这样做，需要训练者的腘绳肌、臀肌和下背部的柔韧性非常好，因此大部分人做直腿硬拉不应该垫高地面。几乎所有训练者做此动作，都是站在地面上将杠铃下落到膝关节或胫骨中段的位置。

起始姿势

- 按照准备姿势和举重动作指导调整身体到正确姿势，再从地面拉起杠铃。
- 按照硬拉起始姿势和向上运动阶段的动作指导，调整身体到此训练动作的正确起始姿势。但有一点重要区别：直腿硬拉时膝关节略微屈曲，并且在整个向上和向下过程中都保持这个姿势。
- 之后每次重复，都从这个姿势开始。

向下运动

- 开始向下运动时，背部中立位或稍微拱起，随后有控制地缓慢屈曲髋关节。
- 在身体下降阶段，保持膝关节微屈；背部保持中立位或稍微拱起，双臂肘关节充分伸展。
- 继续向下运动，直到出现以下四种状态中的任意一个（它们决定了动作的最大范围，或杠铃下落的最低点）：
  - 杠铃片接触地面（若为熟练掌握负重训练技巧的训练者，站在垫高的平台上，则杠铃杆接触脚背）；
  - 背部不能保持中立位或稍微拱起的姿势；
  - 膝关节完全伸展；
  - 脚跟从地面抬起。
- 保持身体紧绷，使其处于控制中；在向下运动的最低点不要弹起或放松躯干。

向上运动

- 伸展髋关节，将杠铃拉起。
- 身体上升阶段，膝关节保持微屈，保持背部中立位或稍微拱起，双臂肘关节充分伸展。
- 继续向上运动，回到起始姿势。
- 一组动作完成后，缓慢地以同样的速度屈曲髋关节和膝关节（目的是保持躯干直立），有控制地下放杠铃到地面。

起始姿势

向下和向上运动

2.11 早安式体前屈

起始姿势

- 将杠铃置于深蹲架或力量训练架外侧，高度大约在腋窝位置。向前靠近杠铃，使颈部底端（或上背部中间）、臀部和双脚位于杠铃正下方。
- 将杠铃平稳地放在颈部底端，三角肌后束之上的位置（就像在高杠位后蹲动作中做的那样）。
- 正手全握杠铃，握距比肩距略宽。
- 抬高双臂肘关节，使上背部肌肉和肩部肌肉一起形成支架，用以放置杠铃（抬高手肘能让手臂保持对杠铃的压力，防止其从背部下滑）。
- 起杠过程中，伸展髋关节和膝关节，将杠铃从插销或挂钩上举起，随后后退几步（注意看深蹲架或力量训练架周围有没有足够的空间）。
- 采取如下站姿：
  - 站距在髋距和肩距之间；
  - 膝关节稍微屈曲；
  - 脚趾略微朝向外侧（大约10°）；
  - 直立，肩部向后收，头部略向后倾斜，胸部向上、向前挺出，以让背部中立或稍微拱起；
  - 双臂肘关节向内夹紧，稳定杠铃位置。
- 之后每次重复，都从这个姿势开始。

向下运动

- 开始这个动作时，有控制地缓慢屈曲髋关节。在向下运动阶段，臀部水平向后移动，膝关节保持微屈。
- 保持背部中立位或稍微拱起和双臂肘关节抬高的姿势。目光朝向前方，稍微高于水平面，头部略向后倾斜。
- 不要将脚跟从地面抬起。

第二部分　下半身

- 继续向下运动，直到躯干和地面平行。如果无法做到和地面平行，那么在动作正确的前提下，到达最低点即可。
- 保持身体紧绷，使其处于控制中；在向下运动的最低点不要弹跳或放松躯干。

向上运动

- 有控制地缓慢伸展髋关节，同时膝关节保持略微屈曲。
- 背部保持挺直或稍微拱起，保持双臂肘关节抬高的姿势，头部向后倾斜。
- 继续向上运动，回到起始姿势。
- 当一组动作完成后，缓慢向前走，将杠铃放回插销或挂钩。

起始姿势

向下和向上运动

2.12 坐姿腿屈伸（器械）

起始姿势

- 上半身挺直，坐在座椅上，背部和髋部均匀地贴住相应靠垫（贴在靠垫的中心，既不偏左也不偏右）。
- 双脚放在滚轴垫下方，勾住滚轴。如果滚轴可以调整位置，将它贴在脚背（坐在座椅中调整）。这样做可能需要其他人帮忙调整滚轴位置，或可能需要训练者本人坐下、检查、起身、调整、重新坐下、再次检查……多次尝试，以调整滚轴到最佳位置。
- 坐在座椅上时，膝关节与器械的转轴必须处于同一条直线上。如果背部靠垫可以调节，向前或向后移动它，让膝关节与转轴对齐。
- 双腿和双脚分开，与髋距相同，且保持相互平行。
- 握住把手或坐垫边缘。
- 之后每次重复，都从这个姿势开始。

向上运动

- 开始这个动作时，有控制地缓慢伸展膝关节。
- 左右腿和脚保持相互平行；膝关节伸展时不要内扣或外翻（髋内旋或外旋）。
- 双腿向上抬时，紧握住把手或坐垫边缘，保持上半身和大腿尽量不动。
- 不要通过摇摆双腿或向后猛推躯干借力抬起负重。
- 继续向上抬腿，直到膝关节充分伸展，但不要用力锁死膝关节。

向下运动

- 缓慢屈曲膝关节，有控制地将滚轴放回到起始位置。
- 不要无控制地让配重片掉回原位。
- 保持左右腿和脚相互平行。

▶ 应该保持背部和臀部贴在相应靠垫上。
▶ 在一组动作完成后，将双脚从滚轴退出，起身离开座位。

起始姿势

向上和向下运动

2.13 坐姿腿弯举（器械）

起始姿势

- 将大腿靠垫调到最高位置。
- 上半身挺直，坐在座椅上，背部和臀部均匀地贴住相应靠垫（贴在靠垫的中心，既不偏左也不偏右）。
- 伸展膝关节，将脚踝放在滚轴上。如果滚轴可以调整位置，将靠垫贴在脚跟或脚踝下方，即鞋跟靠上的小腿部位（坐在座椅中调整）。这样做可能需要其他人协助调整滚轴位置，或可能需要训练者本人坐下、检查、起身、调整、重新坐下、再次检查，多次尝试，以调整滚轴到最佳位置。
- 坐在座椅上时，必须让膝关节与器械的转轴处于同一条直线上。如果背部靠垫可以调节，向前或向后移动它，让膝关节与转轴对齐。
- 双腿和双脚分开，与髋距相同，且保持相互平行。
- 放低大腿靠垫，让其紧压住大腿。
- 握住把手或坐垫边缘。
- 之后每次重复，都从这个姿势开始。

向下运动

- 开始这个动作时，有控制地缓慢屈曲膝关节。
- 左右腿和脚保持相互平行；膝关节屈曲时不要内扣或外翻（髋部内旋或外旋）。
- 紧握住把手或坐垫边缘，保持上半身和大腿尽量不动。
- 不要通过移动上半身或向后踢来借力抬起负重。
- 继续向下压滚轴，直到膝关节屈曲到至少90°。实际的活动范围取决于训练者四肢的长度、股四头肌的柔韧性和器械的设计。

向上运动

- 缓慢伸展膝关节，有控制地让滚轴上升回起始位置。

- 不要无控制地让配重片掉回原位。
- 保持左右腿和脚相互平行。
- 应该保持背部、臀部和大腿贴在相应靠垫上。
- 一组动作完成后,将大腿靠垫调到最高位置,脚跟移出滚轴,起身离开座椅。

起始姿势

向下和向上运动

小腿（单关节）训练

名称	动作描述	主要参与肌肉	
		身体部位	肌肉
坐姿提踵（器械）	踝跖屈	小腿	比目鱼肌 腓肠肌
站姿提踵（器械）	同坐姿提踵		

2.14 坐姿提踵（器械）

起始姿势

- 将大腿（膝关节）靠垫调到最高位置。
- 笔直坐在座位上，大脚趾球放在踏板边缘，双腿和双脚分开，与髋距相同，且保持相互平行。
- 如果可以调节座位高度，将其调整到使大腿平行于地面的位置（双脚放好后调整）。
- 放低大腿（膝关节）靠垫，将其紧压在大腿靠近膝关节的部位（实际训练时，靠垫的位置取决于训练者大腿的长度、座位高度以及器械的设计）。
- 握住把手。
- 踝关节跖屈，将大腿（膝关节）靠垫抬高3~5厘米。
- 解除保险栓。不同器械的保险装置不同，但大部分在手边或身体附近装有一个手柄，可以向外转或移动。
- 有控制地缓慢放下脚跟，到达舒适拉伸的位置。
- 之后每次重复，都从这个姿势开始。

向上运动

- 开始这个动作时，有控制地缓慢跖屈踝关节。
- 保持躯干直立，双腿和双脚保持相互平行。
- 将压力平均分摊至每根跖骨；双脚不要内翻或外翻，不要抬起大拇趾或小趾。
- 不要通过手臂用力拉手柄或大腿（膝关节）靠垫来借力抬起负重。
- 继续向上提踵，直到小腿后侧肌肉充分收缩（踝关节充分跖屈）。

向下运动

- 有控制地缓慢放下脚跟，回到起始姿势。
- 脚跟落到最低点时，不要向上弹起，不要急于重复下一次动作。
- 一组动作完成后，轻微跖屈踝关节，复位保险栓，起身走出器械。

起始姿势

向上和向下运动

2.15 站姿提踵（器械）

起始姿势

- 站在器械前方，双肩均匀地贴在肩部衬垫下，直立。髋部位于肩部正下方，膝关节充分伸展但不用力锁死。
- 握住把手。
- 将大脚趾球放在踏板边缘，双腿和双脚分开，与髋距相同，且保持相互平行。再次调整身体位置，让髋部位于肩部正下方，膝关节充分伸展但不用力锁死。
- 有控制地缓慢放下脚跟，到达舒适拉伸的位置。当脚跟放在最低点时，将要抬起的配重片应该高于起始位置。如果配重片没有高于起始位置，将肩部衬垫放低5～8厘米。
- 之后每次重复，都从这个姿势开始。

向上运动

- 开始这个动作时，有控制地缓慢跖屈踝关节。
- 保持躯干直立，双腿和双脚保持相互平行。
- 将压力平均分摊至每根跖骨；双脚不要内翻或外翻，不要抬起大拇趾或小趾。
- 不要通过向上推或摇摆髋部来借力抬起负重。
- 继续向上提踵，直到小腿后侧肌肉充分收缩（踝关节充分跖屈）。

向下运动

- 有控制地缓慢放下脚跟，回到起始姿势。
- 脚跟落到最低点时，不要向上弹起，不要急于重复下一次动作。
- 一组动作完成后，缓慢屈曲髋关节和膝关节，让配重片下落回原处，起身走出器械。

起始姿势

向上和向下运动

第三部分

上半身

胸部（多关节）训练

名称	动作描述	主要参与肌肉	
		肌群或身体部位	肌肉
平板杠铃卧推	肩部横向（水平）内收	胸部 肩部	胸大肌 三角肌前束
	肩胛骨伸展（外展）	胸廓侧壁 胸部	前锯肌 胸小肌
	肘关节伸展	上臂（后侧）	肱三头肌
上斜杠铃卧推	同平板杠铃卧推		
平板哑铃卧推	同平板杠铃卧推		
上斜哑铃卧推	同平板杠铃卧推		
坐姿推胸（器械）	同平板杠铃卧推		

3.1 平板杠铃卧推

起始姿势：训练者

- 仰卧在水平练习椅上，调整姿势，让身体五个部位形成接触点：
  - 头部紧贴在椅面上；
  - 肩部和上背部均匀地贴紧椅面；
  - 臀部均匀地贴住椅面；
  - 右脚完全着地；
  - 左脚完全着地。
- 调整身体位置，让眼睛在训练架上的杠铃杆正下方。
- 正手全握杠铃，握距比肩距略宽。
- 示意保护者开始协助抬起杠铃，并将杠铃移动到胸部正上方的位置，双臂肘关节充分伸展。此为起杠阶段。之后每次重复，都从这个姿势开始。

起始姿势：保护者

- 直立在训练者头部的后方。
- 双脚分开，与肩距相同，膝关节稍微屈曲。
- 在训练者双手之间，采用正反手全握杠铃。
- 一经示意，协助训练者从训练架上移出杠铃。
- 引导训练者将杠铃举到胸部上方。
- 平稳地释放杠铃。

向下运动：训练者

- 开始这个动作时，有控制地让杠铃朝胸部缓慢下降。
- 双臂肘关节向下移动，越过躯干，移动轨迹稍微向两侧远离身体。
- 双手腕关节紧绷，前臂垂直于地面，相互平行。双手握距决定前臂在多大程度上相互平行。

- 继续控制杠铃下降，使其大约在乳头位置轻触胸部；不要让杠铃在胸部上弹起，也不要拱起下背部以抬高胸部去碰杠铃。
- 保持头部、躯干、臀部和双脚这五个部位的接触点。

向下运动：保护者

- 杠铃下落时，双手用正反握的姿势，靠近但不接触杠铃。
- 稍微屈曲膝关节、髋关节和躯干，并且在跟随杠铃路径时保持背部中立位。

向上运动：训练者

- 将杠铃向上并稍微向后推起。
- 保持身体五部位的接触点；不要抬头或拱起下背部，也不要抬起臀部或双脚。
- 双手腕关节紧绷，前臂垂直于地面，相互平行。
- 继续向上推杠铃，直到双臂肘关节充分伸展，但不用力锁死。
- 当一组动作完成后，示意保护者协助放回杠铃，直到杠铃两端稳定在插销或者挂钩上不动后再松手。

向上运动：保护者

- 杠铃上升时，用正反握的姿势，双手靠近但不接触杠铃。
- 稍微伸展膝关节、髋关节和躯干，并且在跟随杠铃路径上升时保持背部中立位。
- 一组动作结束后，经示意，在训练者双手之间，正反握杠铃。
- 引导训练者将杠铃放回训练架。
- 握住杠铃，直到杠铃在插销或者挂钩上平稳不动。

起杠

起始姿势

向下运动

向上运动

落杠

3.2　上斜杠铃卧推

起始姿势：训练者

- 做这个动作之前，检查座位高度，调整座位到以下状态：
  - 大腿和地面接近平行（双脚完全着地）。
  - 杠铃放在训练架上，头部位置低于杠铃，并靠在训练椅的顶部。
  - 杠铃从插销或挂钩上取出并放回时，不会碰到头顶（座位太高），也不需要为了碰到杠铃，双脚蹬地让身体升高（座位太低）。
- 坐在上斜训练椅上，身体向后靠，让身体五个部位形成接触点：
  - 头部紧贴在斜训练椅上；
  - 肩部和上背部均匀地贴紧上斜训练椅；
  - 臀部均匀地落在座位上；
  - 右脚完全着地；
  - 左脚完全着地。
- 正手全握杠铃，握距比肩距略宽。
- 示意保护者开始协助抬起杠铃，并将杠铃移动到颈部和面部之间的上方，双臂肘关节充分伸展。此为起杠阶段。之后每次重复，都从这个姿势开始。

起始姿势：保护者

- 直立在训练者头部的后方。
- 双脚站距与肩同宽，膝关节稍微屈曲。
- 在训练者双手之间，采用正反手全握杠铃。
- 一经示意，协助训练者从训练架上移出杠铃。
- 引导训练者将杠铃举至颈部和面部之间的上方。
- 平稳地释放杠铃。

向下运动：训练者

- 开始这个动作时，有控制地让杠铃缓慢下降。因为上斜训练椅的角度，杠铃有远离身体的倾向，所以应引导杠铃朝上胸位置下落。
- 双臂肘关节向下移动，越过躯干，移动轨迹稍微向两侧远离身体。
- 双手腕关节紧绷，前臂垂直于地面，相互平行。双手握距决定双臂在多大程度上相互平行。
- 继续控制杠铃下降，大约在胸部上三分之一处，锁骨和乳头之间，让杠铃轻触胸部；不要让杠铃在胸部上弹起，也不要拱起下背部以抬高胸部去碰杠铃。
- 保持头部、躯干、臀部和双脚这五个部位的接触点。

向下运动：保护者

- 杠铃下落时，双手用正反握的姿势，靠近但不接触杠铃。
- 稍微屈曲膝关节、髋关节和躯干，并且在跟随杠铃路径时保持背部中立位。

向上运动：训练者

- 将杠铃向上并稍微向后推起。为防止杠铃向前掉落（因为躯干的角度），向上推杠铃时，运动轨迹应向面部靠近，而不是垂直于胸部。
- 不要拱起下背部，抬高臀部或用力蹬腿（试图站起）；身体和双脚从起始姿势开始就保持不动。
- 双手腕关节紧绷，前臂垂直于地面，相互平行。
- 继续向上推杠铃，直到双臂肘关节充分伸展，但不用力锁死。
- 当一组动作完成后，示意保护者协助放回杠铃，直到杠铃两端在插销或者挂钩上平稳不动后再松手。

向上运动：保护者

- 杠铃上升时，双手用正反握的姿势，靠近但不接触杠铃。
- 稍微伸展膝关节、髋关节和躯干，并且在跟随杠铃路径时保持背部中立位。

- 一组动作结束后，经示意，在训练者双手之间，正反握杠铃。
- 引导训练者将杠铃放回训练架。
- 握住杠铃，直到确认杠铃在插销或者挂钩上平稳不动。

起始姿势　　　　　　　　　　　　　　向下和向上运动

3.3 平板哑铃卧推

起始姿势：训练者

- 采用全握的方式抓住两个重量相等的哑铃。将哑铃放在大腿前侧（两个哑铃手柄相互平行），哑铃下半部的外侧与大腿接触。
- 坐在水平训练椅一端，哑铃放在大腿上。
- 身体向后躺，让头部落在水平训练椅的另一端。当身体完全仰卧时，先将哑铃移动到胸部（腋窝），随后示意保护者协助将哑铃移到胸部上方，双臂肘关节伸展，前臂相互平行。
- 调整姿势，让头部、躯干、臀部和双脚这五个部位形成接触点：
  - 头部紧贴在水平训练椅上；
  - 肩部和上背部均匀地贴紧水平训练椅；
  - 臀部均匀地贴住水平训练椅；
  - 右脚完全着地；
  - 左脚完全着地。
- 最常见的哑铃起始位置是将哑铃握在掌中，手掌朝向双脚，两只哑铃手柄处于同一条直线上，也可以将哑铃举到与身体中线平行的位置（例如，两只哑铃相互平行，双手手掌相对）。
- 之后每次重复，都从这个姿势开始：伸展双臂肘关节，哑铃举起在胸部正上方。

起始姿势：保护者

- 降低身体重心（但始终保持躯干直立），靠近水平训练椅顶部。
- 一只腿膝关节着地，另一只脚置于后腿膝盖之前，完全着地，呈完全箭步蹲姿态，以此做出稳定的保护姿势。
- 在训练者的双手腕关节处，抓住其两只手臂。
- 一经示意，协助训练者移动哑铃到其胸部上方。

- 平稳地放开训练者的双臂。

向下运动：训练者

- 开始这个动作时，有控制地让哑铃朝胸部缓慢下降。控制两只哑铃以相同的速度落下，以保持身体在训练椅上的稳定。
- 双手腕关节紧绷，前臂垂直于地面，并且保持左右哑铃手柄处于同一直线上（除非采取对握的起始姿势）。控制哑铃下降时，尽可能少让手臂前后或左右晃动。
- 引导哑铃下降，略微向胸部两侧移动，靠近腋窝部位，与乳头处于同一竖直平面内。
- 通常情况下，哑铃下降的最低位置和平板杠铃卧推中杠铃下降的最低位置类似。想象有一根杆连接两只哑铃手柄：哑铃下降的最低位置相当于这根想象当中的杆触碰胸部的乳头位置。如果采取掌心相对握住哑铃的起始姿势，训练者可以让哑铃下降到更低位置，因为躯干不会阻碍哑铃下降的路径。
- 不要拱起下背部抬高胸部。
- 保持头部、躯干、臀部和双脚这五个部位的接触点。

向下运动：保护者

- 哑铃下落时，保持手掌靠近但不接触训练者双臂手腕处。
- 跟随哑铃下降过程中，略微前屈躯干（但仍保持背部中立位）。

向上运动：训练者

- 以相同的速度向上推哑铃，并且略微让两只哑铃上升的轨迹相互靠拢，以保持对哑铃的控制。
- 保持身体五部位的接触点；不要抬头或拱起下背部，也不要抬起臀部或双脚。
- 双手腕关节紧绷，前臂垂直于地面，并且保持左右哑铃手柄处于同一直线上；向上推时，保持哑铃稳定不摇晃。
- 继续向上推哑铃，直到双臂肘关节充分伸展。前臂保持相互平行；在胸部上方，哑铃可以相互靠近，但不要将它们碰在一起。
- 一组动作完成后，先缓慢地让哑铃下降到胸部（腋窝），然后有控制地将哑铃逐个放回地面。

向上运动：保护者

- 哑铃上升时，保持手掌靠近但不接触训练者双臂手腕处。
- 跟随哑铃上升过程中，略微伸展躯干（但仍保持背部中立位）。

起始姿势

向下和向上运动

3.4 上斜哑铃卧推

起始姿势：训练者

- 在抓起哑铃之前，检查上斜训练椅的座位。如果座位可调节，将其调整到可以做到如下姿势：
  - 大腿和地面接近平行（双脚完全着地）；
  - 身体位置足够低，让头部位于上斜训练椅顶端；
  - 哑铃被举起时不会碰到任何训练架的边框（如果周围有训练架的话）。
- 采用全握的方式抓住两只重量相等的哑铃。将哑铃放在大腿前侧（两只哑铃手柄相互平行），哑铃下半部的外侧与大腿接触。
- 坐在上斜训练椅座位上，哑铃放于大腿。
- 身体向后倾斜，头部靠在上斜训练椅顶端。躺好后，先将哑铃移动到胸部（腋窝），随后示意保护者协助将哑铃移到颈部和面部上方，此时双臂肘关节伸展，前臂相互平行。
- 调整姿势，让头部、躯干、臀部和双脚这五个部位形成接触点：
  - 头部紧贴在上斜训练椅上；
  - 肩部和上背部均匀地贴紧上斜训练椅；
  - 臀部均匀地落在座位上；
  - 右脚完全着地；
  - 左脚完全着地。
- 最常见的哑铃起始位置是将哑铃握在掌中，手掌朝向双脚，两只哑铃手柄处于同一条直线上。另一个选择是将哑铃举到与身体中线平行的位置（两只哑铃相互平行，双手手掌相对）。
- 之后每次重复，都从这个姿势开始：伸展双臂肘关节，哑铃举至颈部和面部的上方。

起始姿势：保护者

- 直立在训练者头部的后方。

- 双脚分开，与肩同宽，膝关节稍微屈曲。
- 在训练者的双手腕关节处，抓住其手臂。
- 一经示意，协助训练者移动哑铃至颈部和面部的上方。
- 平稳地放开训练者的双臂。

向下运动：训练者

- 开始这个动作时，有控制地让哑铃朝胸部缓慢下降。控制两只哑铃以相同的速度落下，以保持身体在上斜训练椅上的稳定。
- 双手腕关节紧绷，前臂垂直于地面，并且保持左右哑铃手柄处于同一直线上（除非采取对握的姿势）。控制哑铃下降时，尽可能少让手臂前后或左右晃动。
- 引导哑铃下降，略微向胸部两侧移动，靠近腋窝部位，并且对齐胸部上三分之一处（锁骨和乳头之间）。
- 通常情况下，哑铃下降的最低位置和上斜杠铃卧推中杠铃下降的最低位置类似。想象有一根杆连接两只哑铃手柄：哑铃下降的最低位置相当于这根想象当中的杆触碰胸部上三分之一处。如果采取对握哑铃的姿势，训练者可以让哑铃下降到更低位置，因为躯干不会阻碍哑铃下降的路径。
- 不要拱起下背部抬高胸部。
- 保持头部、躯干、臀部和双脚这五个部位的接触点。

向下运动：保护者

- 哑铃下降时，保持手掌靠近但不接触训练者双臂手腕处。
- 稍微屈曲膝关节、髋关节和躯干，并在跟随哑铃轨迹时保持背部中立位。

向上运动：训练者

- 以相同的速度将哑铃向上推，并且略微让两只哑铃上升的轨迹相互靠拢，以保持对哑铃的控制。为了防止哑铃向前掉落（因为躯干的角度），哑铃轨迹应在肩部和面部上方，而不是朝胸前推出。
- 不要拱起下背部，不要抬高臀部或用力蹬腿（试图站起）；身体和双脚从起始姿势开始就保持不动。

- 双手腕关节紧绷，前臂垂直于地面，并且保持左右哑铃手柄处于同一直线上；向上推时，保持哑铃稳定不摇晃。
- 继续向上推哑铃，直到双臂肘关节充分伸展。前臂保持相互平行；在胸部上方，哑铃可以相互靠近，但不要将它们碰在一起。
- 一组动作完成后，先缓慢地让哑铃下降到胸部（腋窝），再到大腿，然后有控制地将哑铃逐个放回地面。

向上运动：保护者

- 哑铃上升时，保持手掌靠近但不接触训练者双臂手腕处。
- 稍微伸展膝关节、髋关节和躯干，并且在跟随哑铃轨迹时保持背部中立位。

起始姿势　　　　　　　　　　　　　　向下和向上运动

3.5 坐姿推胸（器械）

起始姿势

- 做这个动作之前，检查座位高度，调整座位到以下状态：
  - 大腿和地面接近平行（双脚完全着地）；
  - 身体和把手处于同一条直线上（想象一条线连接两个把手，这条想象的线正好从乳头所在的高度穿过胸前）；
  - 双臂肘关节伸展，握住把手时，手臂几乎与地面平行（将插销从配重片中移开，坐在器械座位上，向前推把手，检查坐好之后的手臂位置）。
- 坐在器械座位上，让身体五个部位形成接触点：
  - 头部紧贴在竖直的靠背上；
  - 肩部和上背部均匀地贴紧竖直靠背；
  - 臀部均匀地落在座位上；
  - 右脚完全着地；
  - 左脚完全着地。
- 正手全握两只把手（也可采用对握）。
- 如果器械有踏板，可以做出以下动作：
  - 一只脚下压踏板，让把手向前移动；
  - 握住把手；
  - 缓慢松开踏板，把脚放回地面。
- 如果器械没有踏板，逐个握住把手，之后重新调整姿势，让身体五个部位形成接触点。
- 之后每次重复，都从这个姿势开始。

向前运动

- 开始这个动作时，向前推动把手。
- 保持身体五部位的接触点；不要拱起下背部，也不要抬起臀部或双脚；头部不要离开靠背，也不要收缩腹部（让躯干前屈）。
- 双手腕关节紧绷，继续向前推把手，直到双臂肘关节充分伸展，但不用力锁死。

向后运动

- 让把手受控制地缓慢靠近身体。
- 双手腕关节紧绷；如果开始动作前，座椅调整合适，手臂会和地面接近平行。
- 引导把手向胸部移动，不要让手柄迅速向后移动形成弹力来为下一次重复动作省力。
- 保持头部、躯干、臀部和双脚这五个部位的接触点。
- 一组动作完成后，反向做之前踏板的动作，或引导把手回到起始位置；逐个放开手柄。

起始姿势　　　　　　　　　　　　　　　　向前和向后运动

胸部（单关节）训练

名称	动作描述	主要参与肌肉	
		身体部位	肌肉
蝴蝶机夹胸（器械）	肩部横向（水平）内收	胸部	胸大肌
		肩部	三角肌前束
	肩胛骨伸展（外展）	胸廓侧壁	前锯肌
		胸部	胸小肌
平板哑铃飞鸟	同蝴蝶机夹胸		
绳索夹胸（器械）	同蝴蝶机夹胸		

3.6 蝴蝶机夹胸（器械）

起始姿势

- 坐在器械座位上，让身体五个部位形成接触点：
  - 头部紧贴在竖直的靠背上（在靠背足够长的情况下）；
  - 肩部和上背部均匀地贴紧竖直靠背；
  - 臀部均匀地落在座位上；
  - 右脚完全着地；
  - 左脚完全着地。
- 依次握住两只把手；采用全握的方式对握，双臂肘关节略微屈曲。
- 上臂、肘关节、前臂与地面平行，双手处于或略高于肩部或胸部前侧的水平面。
- 之后每次重复，都从这个姿势开始。

向前运动

- 开始这个动作时，左右手同时以相同速度相向运动。
- 保持身体五部位的接触点；不要拱起下背部、抬起臀部或双脚、躯干前屈、突然前推躯干或伸头。
- 双手腕关节紧绷，上臂、肘关节、前臂与地面平行。
- 左右手继续相向运动，直到两只把手在面前相遇（或让两只把手相向运动尽可能相互靠近）。

向后运动

- 有控制地让两只把手向外打开并缓慢向后移动。
- 手掌腕关节紧绷，上臂、肘关节和前臂平行于地面。
- 引导把手向后移动，直到左右把手和胸部这三点处于同一条直线上；不要快速向后拉把手增加动量来为下一次重复动作省力。
- 保持头部、躯干、臀部和双脚这五个部位的接触点。

第三部分　上半身　117

▶　一组动作完成后，引导把手向后移动，略微转动身体，逐个放开把手，让其回到起始位置。

起始姿势　　　　　　　　　　　　　　　向前和向后运动

3.7 平板哑铃飞鸟

起始姿势：训练者

- 采用全握的方式抓住两只重量相等的哑铃。将哑铃放在大腿前侧（两只哑铃手柄相互平行），哑铃下半部的外侧与大腿接触。
- 坐在水平训练椅一端，哑铃放在大腿上。
- 身体向后躺，让头部落在水平训练椅的另一端。当身体完全仰卧时，先将哑铃移动到胸部（腋窝），随后示意保护者协助将哑铃移到胸部上方，此时双臂肘关节伸展，前臂相互平行。
- 调整姿势，让头部、躯干、臀部和双脚这五个部位形成接触点：
  - 头部紧贴在水平训练椅上；
  - 肩部和上背部均匀地贴紧水平训练椅；
  - 臀部均匀地放在水平训练椅上；
  - 右脚完全着地；
  - 左脚完全着地。
- 对握两只哑铃，哑铃手柄相互平行，双臂肘关节朝向外侧。
- 略微屈曲双臂肘关节，在整个动作中保持微屈的姿势。
- 之后每次重复，双臂以此姿势握住哑铃，置于胸部上方，开始这个动作。

起始姿势：保护者

- 降低身体重心（但始终躯干直立），靠近水平训练椅顶部。
- 一只腿膝关节接触地面，另一只脚置于后腿膝盖之前，完全着地，做出完全箭步蹲姿态，以此形成稳定的保护姿势。
- 在双手腕关节处，握住训练者的两只手臂。
- 一经示意，协助训练者移动哑铃到其胸部上方。
- 平稳地放开训练者的双臂。

向下运动：训练者

- 开始这个动作时，有控制地让哑铃缓慢下降，轨迹画出一个大弧线。此时双臂肘关节姿势不变，只有肩关节参与运动。控制两只哑铃以相同的速度落下，以保持身体在水平训练椅上的稳定（注意：比起照片中的示范，实际双臂肘关节屈曲略少一些）。
- 做动作过程中，保持双手腕关节紧绷，肘关节微屈并锁定，两只哑铃手柄相互平行。
- 手掌、腕关节、前臂、肘关节、上臂和肩部应该保持在同一竖直平面内。
- 在向下运动过程中，双臂肘关节从朝向外侧转换到朝向地面。
- 继续让哑铃沿大弧线轨迹下降，直到哑铃和胸部顶端处在同一条直线上。
- 保持头部、躯干、臀部和双脚这五个部位的接触点。

向下运动：保护者

- 哑铃下落时，保持手掌靠近但不接触训练者双臂手腕处。
- 跟随哑铃下降过程中，略微前屈躯干（但仍保持背部中立位）。

向上运动：训练者

- 有控制地向上抬起哑铃，画出大弧线轨迹；想象自己在张开双臂环抱一棵巨大的树干。
- 双手腕关节紧绷，肘关节以略微屈曲的姿势锁定。
- 保持身体五部位的接触点；不要为了借力抬高哑铃而拱起下背部，不要抬起臀部、双脚、头部，不要耸肩。
- 在向上运动过程中，手掌、腕关节、前臂、肘关节、上臂和肩部应该保持在几乎同一竖直平面内。
- 继续抬高哑铃，直到它们回到胸部正上方的起始位置。
- 一组动作完成后，先缓慢地让哑铃下降到胸部（腋窝），然后有控制地逐个将哑铃放回地面。

向上运动：保护者

- 哑铃上升时，保持手掌靠近但不接触训练者双臂手腕处。
- 跟随哑铃上升过程中，略微伸展躯干（但仍保持背部中立位）。

起始姿势

向下和向上运动

3.8 绳索夹胸（器械）

起始姿势

- 做这个动作之前，检查两边的配重片，确保两边重量相同。
- 站在配重片附近（配重片位于身后），伸左（或右）手向后抓住左边（或右边）的把手，用全握的方式，对握把手。朝身体的左边（或右边）下拉把手。
- 身体向另一侧的配重片移动，用右（或左）手以全握的方式对握右边（或左边）的把手。朝身体的右边（或左边）下拉把手。
- 身体移动到两堆配重片中间的位置。
- 略微屈曲肘关节，一只脚向前迈出一步（双腿一前一后的站姿：前腿膝关节适当屈曲，后腿膝关节充分伸展），同时肩关节水平外展（或倾斜外展，取决于器械相对于肩部的高度），向后方远离躯干。做此姿势时，绳索应该是绷紧的。
- 保持头部和脊柱在同一条直线上，略微屈曲躯干，检查双脚是否朝向正前方。
- 检查双臂肘关节是否略微屈曲，以及是否对握两只手柄，在做整个动作过程中，保持这个姿势。
- 之后每次重复，都从这个姿势开始。

向前运动

- 开始这个动作时，有控制地内收肩关节，双臂运动轨迹画出一个大弧线。此时双臂肘关节姿势不变，只有肩关节参与运动。为了保持身体稳定，控制两只把手以同样的速度相对运动。
- 保持躯干稍微前屈的姿势。做动作过程中，保持双手腕关节紧绷，肘关节略屈并锁定，两只把手接近相互平行。
- 继续内收肩关节，直到两只把手在胸前相遇。

向后运动

- 缓慢放松绳索，有控制地让两只把手向外打开，回到起始位置。

- 保持躯干稍微前屈。双手腕关节紧绷，肘关节微屈并锁定，两只把手接近相互平行。
- 一组动作完成后，先向后朝一侧配重片迈出一步，放松绳索让把手收回器械，缓慢让配重片落回起始位置。之后，向另一侧配重片迈出一步，放松绳索让把手收回器械，缓慢让配重片落回起始位置。

起始姿势

向前和向后运动

背部（多关节）训练

名称	动作描述	主要参与肌肉 肌群或身体部位	主要参与肌肉 肌肉
高位下拉（器械）	肩关节内收	上背部	背阔肌 大圆肌
	肩胛骨后缩和下沉（内收）	上背部、中背部	中斜方肌 下斜方肌 菱形肌
	肩关节伸展	背部	背阔肌 大圆肌
		肩部	三角肌后束
	肘关节屈曲	上臂（前侧）	肱肌 肱二头肌 肱桡肌
俯身划船	同高位下拉（器械），但向心运动不包括肩关节内收		
单臂哑铃划船	同高位下拉（器械），但向心运动不包括肩关节内收		
坐姿低位划船（器械）	同高位下拉（器械），但向心运动不包括肩关节内收		
坐姿划船（器械）	同高位下拉（器械），但向心运动不包括肩关节内收		
绳索面拉（器械）	肩胛骨后缩	上背部、中背部	背阔肌 大圆肌 中斜方肌 菱形肌

3.9 高位下拉（器械）

起始姿势

- 正手全握横杆（此动作可以使用各种类型的横杆：大部分长度在91～122厘米，两端稍微弯折）。
- 常见的握距可以由此确定：食指贴近横杆两边弯折的部位。如果横杆没有弯折部分，握距比肩距更宽，并且握杆的位置左右对称。
- 下拉横杆，身体做出以下动作：
  - 如果器械配有座位，面朝配重片坐下，让双腿置于大腿靠垫下方，双脚完全着地（如果座位可调节，让大腿和地面接近平行，双脚完全着地）；
  - 如果器械没有装座位，面朝器械，单膝跪下，让身体位于顶部滑轮下方。另外一只腿踏出一步，放在身体前方，脚完全着地。
- 双臂肘关节应该充分伸展，拉起此组动作所选的配重片。
- 开始动作之前，略微向后倾斜躯干，颈部向后伸展，为横杆越过面部向下运动留出足够空间。这个姿势也会减少肩关节承受的压力。
- 之后每次重复，都从这个姿势开始。

向下运动

- 开始这个动作时，向下拉横杆；这时，双臂肘关节应该向下、向后移动，胸部向前、向上挺出。
- 保持身体姿势不变，和开始时一样；不要通过向后猛拉或躯干快速向后倾斜来借力下拉横杆。
- 继续朝身体下拉横杆（不只是向下），直到横杆轻触锁骨和上胸部。当横杆拉到最低点的时候，躯干应该稍微向后倾斜。

向上运动

- 有控制地将横杆缓慢放回起始位置；不要让横杆突然往回拉，带着手臂向上移动。

▰ 保持之前躯干后倾和下肢稳定的姿势。

▰ 向上动作结束时，双臂肘关节应该充分伸展。

▰ 一组动作完成后，缓慢站起，有控制地将横杆放回起始位置。

起始姿势　　　　　　　　　　　　　　　　向下和向上运动

3.10 俯身划船

起始姿势

- 平衡地正手全握杠铃，握距略宽于肩膀。
- 按照准备姿势和举重动作指导，从地面拉起杠铃到大腿前侧。做俯身划船动作需要身体先完全直立，再屈曲躯干。
- 双脚分开，与肩同宽（或略宽），膝关节稍微屈曲。
- 髋部屈曲，身体向前，让躯干几乎和地面平行，同时保持膝关节微屈，像上一步中那样。
- 肩部向后收，胸部向前挺出，并且略微伸展颈部，让背部处于中立位或稍微有凹陷（但非弧形）。眼睛看向地面，目光集中在双脚前面一些的位置，避免向上看。
- 双臂肘关节充分伸展，杠铃悬空；调整膝关节和躯干屈曲的幅度，不让配重片接触地面。之后每次重复，都从这个姿势开始。

向上运动

- 开始这个动作时，将杠铃向上朝躯干拉；双臂肘关节朝向外侧，手腕保持绷直。不要让杠铃沿弧线上升。
- 保持身体姿势不变，和开始时一样；不要通过耸肩、摇摆身体（伸展脊柱）、超伸颈部、伸展膝关节或踮脚来借力。
- 继续向上拉杠铃，直到杠铃碰到胸骨或上腹部。在杠铃上升到最高点时，双臂肘关节位置应该高于躯干（从侧面看）。

向下运动

- 有控制地让杠铃缓慢下落，回到起始位置；不要向前屈曲躯干、伸展膝关节或让身体重心移向脚趾。
- 保持脊柱中立位、躯干稳定和膝关节屈曲的姿势，双脚完全着地。

- 向下动作结束时,双臂肘关节应该充分伸展。
- 一组动作完成后,缓慢地以同样速度屈曲髋关节和膝关节,下蹲,有控制地把杠铃下放到地面。

起始姿势

向上和向下运动

3.11 单臂哑铃划船

起始姿势

- 站在水平训练椅一侧（身体方向垂直而非平行于水平训练椅的侧边），哑铃置于地面。
- 双脚分开，与肩同宽，膝关节稍微屈曲。
- 俯身并用一只手抓哑铃，采用全握和对握的方式。
- 髋部屈曲，身体向前，让躯干和地面只形成很小的夹角，握哑铃侧手臂的肘关节充分伸展，让哑铃自然下垂。另外一只手应置于水平训练椅上，提供支持。
- 肩部向后收，胸部向前挺出，略微伸展颈部，身体形成脊柱中立位的姿势。避免向天花板上看；眼睛应看向地面，目光集中在双脚前面一些的位置。
- 之后每次重复，都从这个姿势开始。

向上运动

- 开始这个动作时，向上朝躯干拉起哑铃；上臂和肘关节应该贴近身体，手腕绷直。不要让哑铃向上或向内沿弧线移动。
- 保持躯干稳定；不要通过摇摆上身或向上猛拉来借力拉起哑铃。
- 继续向上拉哑铃，直到哑铃碰到胸部外侧或肋骨。哑铃上升到最高点时，手臂肘关节位置应该高于躯干（从侧面看）。

向下运动

- 有控制地让哑铃缓慢下降，回到起始位置；不要让哑铃把手臂向下猛拉。
- 保持躯干稳定，脊柱中立位，膝关节屈曲，双脚完全着地。
- 一只手臂完成一组动作后，换另外一只手臂重复这个过程。

第三部分　上半身　129

起始姿势

向上和向下运动

3.12 坐姿低位划船（器械）

起始姿势

- 面朝器械，坐在长坐垫上（如果器械没有装配座位，坐在地上）。
- 双脚放在踏板或器械的边框上。
- 屈曲膝关节和髋关节，俯身抓取把手。采用全握的方式对握把手（这个动作可以更换不同的把手，其中最常见的一种是三角形双把手，便于对握，但也可以使用正握的方式）。
- 向后拉把手，保持直立坐姿，躯干与地面垂直，膝关节略微屈曲，双脚和双腿相互平行。
- 双臂肘关节应该充分伸展，手臂平行于地面（或略微低于水平面）。拉起选好的配重片。之后每次重复，都从这个姿势开始。

向后运动

- 开始这个动作时，朝腹部拉动把手。双臂肘关节应该保持在躯干附近，或贴着躯干，不要向外打开。
- 保持身体姿势稳定，不要通过猛拉躯干、伸展膝关节或快速向后倾斜来借力拉动把手。
- 继续拉动把手，直到前臂或腕关节抵住躯干，或把手（或拉杆，取决于装在绳索上的手持配件）碰到腹部。

向前运动

- 有控制地将把手缓慢放回起始位置；不要让把手突然往回弹，带着手臂向前移动。
- 保持躯干稳定、膝关节屈曲。
- 向前动作结束时，双臂肘关节应该充分伸展。
- 一组动作完成后，略微屈曲膝关节和髋关节，使身体向前，让把手回到起始位置。

第三部分　上半身　131

起始姿势

向后和向前运动

3.13 坐姿划船（器械）

起始姿势

- 做这个动作之前，检查座位高度和胸部靠垫的位置，将它们调整到符合以下状态：
  - 大腿和地面接近平行（双脚完全着地或置于踏板上）；
  - 坐下时，躯干垂直于地面并贴在胸部靠垫上；
  - 双手握住把手时，手臂和地面接近平行。
- 上身直立坐在座位上，双脚完全着地或置于踏板上，躯干压在胸部靠垫上。
- 以全握的方式，正握（也可对握）手柄，之后重新调整身体姿势，让躯干直立。
- 双臂肘关节应该充分伸展，手臂与地面接近平行。拉起选好的配重片。之后每次重复，都从这个姿势开始。

向后运动

- 开始这个动作时，朝躯干、胸部、上腹部或下腹部方向拉把手；把手移动的方向取决于器械的类型。双臂肘关节应该保持在躯干附近，或贴住躯干（取决于把手的类型），不要向外打开。
- 身体保持稳定姿势，不要通过快速向后倾斜以借力向后拉把手。
- 继续拉动把手，直到前臂或腕关节抵住躯干，或把手碰到躯干。

向前运动

- 有控制地让把手缓慢向前移动，回到起始位置；不要让把手突然往回弹，带着手臂向前移动。
- 保持躯干稳定。
- 向前动作结束时，双臂肘关节应该充分伸展。
- 一组动作完成后，将把手放回起始位置。

起始姿势

向后和向前运动

3.14 绳索面拉（器械）

起始姿势

- 面朝高滑轮绳索器械站立，采用全握的方式正握双头绳，手掌朝向地面。
- 向后退，远离器械，让绳索绷紧，双臂肘关节在面部前方充分伸展，并朝向外侧。采用双脚相互平行的站姿，膝关节屈曲，保持身体稳定。
- 检查头部是否与脊柱在同一条直线上，躯干是否完全直立。
- 之后每次重复，都从这个姿势开始。

向后运动

- 开始这个动作时，后缩肩胛骨，此时双臂肘关节仍然保持伸展。
- 水平外展肩关节，并屈曲双臂肘关节，朝面部拉动绳索。
- 当手臂移动到与肩部前侧同一平面时，向外旋转上臂，同时继续向后拉绳索，直到双头绳中间的扣环将要碰到面部。

向前运动

- 上臂向内旋转，双臂肘关节伸展，肩关节水平内收，肩胛骨向前，回到起始姿势。
- 向前运动过程中，保持头部、躯干和身体姿势不变。
- 一组动作完成后，向前移动，让配重片回到起始位置。

起始姿势

向后和向前运动

肩部（多关节）训练

名称	动作描述	主要参与肌肉	
		身体部位	肌肉
器械推肩（器械）	肩关节外展	肩部	三角肌前束 三角肌中束
	肩胛骨伸展（外展）	上肩部和上背部	斜方肌
		胸廓侧壁	前锯肌
	肘关节伸展	上臂（后侧）	肱三头肌
坐姿杠铃推肩	同器械推肩（器械）		
坐姿哑铃推肩	同器械推肩（器械）		
直立划船	肩关节外展	肩部	三角肌前束 三角肌中束 三角肌后束
	肩胛骨上提	肩部和上背部 肩胛骨	斜方肌 前锯肌
	肘关节屈曲	上臂（前侧）	肱肌 肱二头肌 肱桡肌

3.15 器械推肩（器械）

起始姿势

- 做这个动作之前，检查座位高度，调整座位符合以下状态：
  - 大腿和地面平行（双脚完全着地）；
  - 肩部和把手几乎在同一条直线上（想象一条线连接两个把手，这条想象的线不应该低于肩部顶端或颈部底端）；
  - 身体位置足够低，让头部位于靠背顶端。
- 坐在座椅上，身体向后靠，让身体五个部位形成接触点：
  - 头部紧贴在竖直的靠背上；
  - 肩部和上背部均匀地贴紧靠背；
  - 臀部均匀地落在座位上；
  - 右脚完全着地；
  - 左脚完全着地。
- 采用全握的方式，正握把手（也可对握）。之后每次重复，都从这个姿势开始。

向上运动

- 开始这个动作时，向上推动把手。
- 保持身体五部位的接触点，不要拱起下背部、抬高臀部或用力蹬腿。
- 双手腕关节紧绷，前臂接近相互平行；继续向上推把手，直到双臂肘关节充分伸展，但不用力锁死。

向下运动

- 有控制地将把手缓慢降回起始位置，把手下降时不要前屈躯干。
- 保持身体五个部位的接触点稳定，不要让把手迅速落下形成弹力来为下一次重复动作省力。
- 一组动作完成后，将把手放回起始位置。

第三部分　上半身　**139**

起始姿势

向上和向下运动

3.16 坐姿杠铃推肩

起始姿势：训练者

- 做这个动作之前，检查所用的推肩座椅，如果座位可调节，将其调整好后坐上去，应符合如下姿势：
  - 大腿和地面接近平行（双脚完全着地）；
  - 杠铃放在训练架上，头部位置低于杠铃，并靠在座椅靠背的顶部（如果座椅装有较长的竖直靠背）；
  - 杠铃从插销或挂钩上取出和放回时，不会碰到头顶（座位太高），也不需要为了够到杠铃，双脚蹬地让身体升高（座位太低）。
- 坐在座椅上，让身体五个部位形成接触点：
  - 头部紧贴在竖直的靠背上（如果靠背足够长的话）；
  - 肩部和上背部均匀地贴紧靠背；
  - 臀部均匀地落在座位上；
  - 右脚完全着地；
  - 左脚完全着地。
- 平衡地正手全握杠铃，握距比肩距略宽。
- 示意保护者协助抬起杠铃，并将杠铃移动到头顶，双臂肘关节充分伸展。此为起杠阶段。之后每次重复，都从这个姿势开始。

起始姿势：保护者

- 直立在座椅的后方。
- 双脚分开，与肩同宽，膝关节稍微屈曲。
- 在训练者双手之间，正反手全握杠铃。
- 一经示意，协助训练者从训练架上移出杠铃。
- 引导训练者将杠铃举到头顶。
- 平稳地释放杠铃。

向下运动：训练者

- 开始这个动作时，有控制地让杠铃缓慢下降。
- 双手腕关节紧绷，前臂相互平行，且垂直于地面。双手握距决定前臂在多大程度上相互平行。
- 颈部略微伸展，让杠铃杆下降到靠近面部前方的位置；下落时不要让杠铃杆碰到前额或鼻子。
- 继续控制杠铃下降，直到杠铃杆轻触锁骨；不要让杠铃杆在肩部弹起或拱起下背部。
- 保持头部、躯干、臀部和双脚这五个部位的接触点。

向下运动：保护者

- 杠铃下落时，双手用正反握的姿势，靠近但不接触杠铃。
- 稍微屈曲膝关节、髋关节和躯干，并且在跟随杠铃路径时保持背部中立位。

向上运动：训练者

- 颈部略微伸展，竖直向上推杠铃，直到杠铃越过额头。
- 不要拱起下背部、抬高臀部或用力蹬腿（试图站起），身体和双脚从起始姿势开始就保持不动。
- 双手腕关节紧绷，前臂相互平行，且垂直于地面。
- 继续向上推杠铃，直到双臂肘关节充分伸展（但不用力锁死），此时杠铃杆在头顶正上方。
- 一组动作完成后，示意保护者协助放回杠铃，直到杠铃两端在插销或者挂钩上不动后再松手。

向上运动：保护者

- 杠铃上升时，双手用正反握的姿势，靠近但不接触杠铃。
- 稍微伸展膝关节、髋关节和躯干，并且在跟随杠铃路径时保持背部中立位。

- 一组动作结束后，经示意，在训练者双手之间正反握杠铃。
- 引导训练者将杠铃放回训练架。
- 握住杠铃，直到确认杠铃在插销或者挂钩上不动后再松手。

起始姿势

向下和向上运动

3.17　坐姿哑铃推肩

起始姿势：训练者

- ▲ 在抓起哑铃之前，检查座椅。如果座位可调节，将其调整好后坐上去，应符合如下姿势：
  - 大腿和地面接近平行（双脚完全着地）；
  - 身体位置足够低，让头部靠在座椅顶端（如果座椅装有较长的竖直靠背）；
  - 做动作时，哑铃不会碰到任何训练架的边框（如果周围有训练架的话）。
- ▲ 采用全握的方式抓起两只等重的哑铃。将哑铃放在大腿前侧（两只哑铃手柄相互平行），哑铃下半部外侧与大腿接触。
- ▲ 坐在座位上，哑铃放于大腿。将哑铃移动到肩部两侧，让哑铃手柄和肩部顶端或颈部底端一样高。
- ▲ 调整姿势，让头部、躯干、臀部和双脚这五个部位形成接触点：
  - 头部紧贴在竖直的靠背上（在靠背足够长的情况下，照片中的靠背比较短）；
  - 肩部和上背部均匀地贴紧靠背；
  - 臀部均匀地落在座位上；
  - 右脚完全着地；
  - 左脚完全着地。
- ▲ 最常见的哑铃位置是两只哑铃手柄处于同一条直线上，手掌朝向前方。另一个选择是将哑铃举到与身体中线平行的位置（两只哑铃相互平行，双手手掌相对）。
- ▲ 之后每次重复，都从这个姿势开始。

初始姿势：保护者

- ▲ 直立在座椅的后方。
- ▲ 双脚分开，与肩同宽，膝关节稍微屈曲。

- 在双手腕关节处，抓住训练者的两只手臂。
- 一经示意，协助训练者移动哑铃到肩部两侧。
- 平稳地放开训练者的双臂。

向上运动：训练者

- 开始这个动作时，以相同的速度向上推哑铃，并且略微让两只哑铃上升的轨迹相互靠拢，以保持对哑铃的控制。
- 保持身体五部位的接触点，不要拱起下背部、抬高臀部或用力蹬腿。
- 双手腕关节紧绷，前臂垂直于地面，并且保持左右哑铃手柄处于同一直线上；向上推时，保持哑铃稳定不摇晃。
- 手掌、肘关节、肩部应该保持在同一竖直平面内。
- 继续向上推哑铃，直到双臂肘关节充分伸展。两只前臂保持相互平行；在头顶，哑铃可以相互靠近，但不要将它们碰在一起。

向上运动：保护者

- 哑铃上升时，保持手掌靠近但不接触训练者双臂手腕处。
- 稍微伸展膝关节、髋关节和躯干，并且在跟随哑铃路径时保持背部中立位。

向下运动：训练者

- 有控制地让哑铃缓慢下降，回到起始位置。控制两只哑铃以相同的速度落下，以保持身体在座椅上的稳定。
- 双手腕关节紧绷，前臂垂直于地面，并且保持左右哑铃手柄处于同一直线上。
- 继续控制哑铃下降，直到它们和肩部顶端或颈部底端一样高；不要让哑铃压在肩部后弹起，也不要耸肩以使肩部触碰哑铃。
- 保持头部、躯干、臀部和双脚这五个部位的接触点。
- 一组动作完成后，先缓慢地将哑铃放到大腿上，再有控制地将哑铃逐个放回地面。

第三部分　上半身　**145**

向下运动：保护者

- 哑铃下落时，保持手掌靠近但不接触训练者双臂手腕处。
- 稍微屈曲膝关节、髋关节和躯干，并且在跟随哑铃轨迹时保持背部中立位。

起始姿势　　　　　　　　　　　　　向上和向下运动

3.18 直立划船

起始姿势

- 平衡地正手全握杠铃，握距大约与肩同宽或略宽于肩。
- 按照准备姿势和举重动作指导，从地面拉起杠铃，放到大腿前侧。
- 双脚分开，与肩部或髋部一样宽，膝关节稍微屈曲，躯干直立，肩胛骨后缩，目光朝向前方。
- 双臂肘关节充分伸展，让双臂自然下垂。之后每次重复，都从这个姿势开始。

向上运动

- 开始这个动作时，外展肩关节，屈曲肘关节，沿腹部和胸部向上拉杠铃。
- 杠铃杆上升过程中，保持双臂肘关节朝向外侧；不要让杠铃沿弧线上升。
- 保持身体姿势稳定，不要通过耸肩、摇摆身体（伸展脊柱）、超伸颈部、伸展膝关节或踮脚来借力向上拉杠铃。
- 继续向上拉杠铃，直到杠铃杆到达胸骨底端和下颌之间的部位（取决于手臂的长度和肩关节柔韧性）。在杠铃上升到最高点时，双臂肘关节应该和肩部或手腕等高，或比它们略高。

向下运动

- 有控制地让杠铃缓慢下落，回到起始位置；不要向前屈曲躯干，避免让杠铃落到最低点时压在大腿上弹起，也不要让身体重心朝脚趾转移。
- 运动过程中保持身体不动，双脚完全着地。
- 向下动作结束时，双臂肘关节应该充分伸展。
- 一组动作完成后，缓慢地以同样的速度屈曲髋关节和膝关节（目的是保持躯干直立的姿势），有控制地下放杠铃到地面。

第三部分　上半身　147

起始姿势

向上和向下运动

肩部(单关节)训练

名称	动作描述	主要参与肌肉	
		身体部位	肌肉
侧平举	肩关节外展	肩部	三角肌中束
俯身侧平举	肩关节横向(水平)外展	肩部	三角肌后束

3.19 侧平举

起始姿势

- 采用全握的方式对握两只等重哑铃。
- 按照准备姿势和举重动作指导,从地面抓起哑铃,放到大腿附近。
- 双脚分开,与肩部或髋部一样宽,膝关节稍微屈曲,躯干挺直,肩胛骨后缩,目光朝向前方。
- 将哑铃移动到大腿前侧,双手手掌相对(对握姿势)。
- 略微屈曲双臂肘关节,在整个动作中保持这个姿势(注意:比起照片中的示范,实际双臂肘关节屈曲略多一些)。
- 之后每次重复,都从这个姿势开始。

向上运动

- 开始这个动作时,外展肩关节,向上举起哑铃,运动轨迹朝向外侧。双臂肘关节姿势不变,只有肩关节参与运动。
- 双手腕关节紧绷,肘关节略微屈曲,并保持对握哑铃的姿势。
- 上臂和肘关节应该先于前臂、手掌和哑铃抬起。
- 保持身体姿势稳定,不要耸肩、摇摆身体(伸展脊柱)、超伸颈部、伸展膝关节或踮脚以借力向上举起哑铃。
- 继续向上举哑铃,直到双臂平行于地面,或双臂上升到和肩部等高。

向下运动

- 有控制地让哑铃缓慢下降,回到起始位置;不要向前屈曲躯干、伸展膝关节或让身体重心朝脚趾转移。
- 双手腕关节紧绷,肘关节略微屈曲并锁定。
- 运动过程中保持身体稳定,不要让哑铃下落时猛拉手臂向下移动。
- 继续控制哑铃下降,直到它们回到大腿前侧;不要让哑铃压在大腿后弹起来为下一次重复动作省力。

▸ 一组动作完成后，缓慢地以同样的速度屈曲髋关节和膝关节（目的是保持躯干竖直的姿势），有控制地下放哑铃到地面。

起始姿势　　　　　　　　　　　　　　　　向上和向下运动

3.20 俯身侧平举

起始姿势

- 全握两只等重的哑铃。
- 按照准备姿势和举重动作指导，从地面抓起两只哑铃，分别放到大腿两侧。做俯身侧平举动作需要屈曲躯干，在这之前，身体应该完全直立。
- 双脚分开，与肩部或髋部同宽，膝关节稍微屈曲。
- 向前屈曲身体，让躯干几乎和地面平行，同时保持膝关节微屈。
- 肩部向后收，胸部向前挺出，并且略微伸展颈部，让后背处在中立位或稍微有凹陷（但非弧形）。眼睛看向地面，目光集中在双脚前面一些的位置，避免向上看。
- 让双臂自然下垂；调整膝关节和躯干屈曲的幅度，让哑铃不接触地面。
- 重新调整哑铃位置，采用对握，两只哑铃手柄相互平行，双臂肘关节朝向外侧。
- 略微屈曲双臂肘关节，在整个动作中保持不变（注意：比起照片示范，实际双臂肘关节屈曲略多一些）。
- 之后每次重复，都从这个姿势开始。

向上运动

- 开始这个动作时，外展肩关节，向上举起哑铃，运动轨迹朝向外侧。此时双臂肘关节保持不动，只有肩关节参与运动。
- 双手腕关节紧绷，肘关节略微屈曲并锁定；保持对握哑铃。
- 向上运动过程中，上臂、肘关节、前臂和哑铃应该保持在同一竖直平面内（与身体垂直）。双臂肘关节应该同步上升，先于哑铃抬高，并且位置始终比哑铃略高。
- 保持脊柱中立位、躯干稳定和膝关节屈曲的姿势，双脚完全着地；不要通过摇摆身体（伸展脊柱）、伸展膝关节或踮脚来借力举起哑铃。
- 继续抬高哑铃，直到上臂接近平行于地面，或双臂上升到和肩部等高。哑铃上升到最高点,双臂肘关节位置会略高于哑铃(从侧面看)。

向下运动

- 有控制地让哑铃缓慢下降,回到初始位置;不要向前屈曲躯干、伸展膝关节或让身体重心朝脚趾转移。
- 双手腕关节紧绷,肘关节略微屈曲并锁定。
- 保持脊柱中立位、躯干稳定和膝关节屈曲的姿势,双脚完全着地。
- 继续控制哑铃下降,直到它们回到起始位置;向下运动阶段,保持两只哑铃手柄相互平行。
- 一组训练动作完成后,缓慢地以同样的速度屈曲髋关节和膝关节(目的是保持躯干竖直的姿势),下蹲,有控制地下放哑铃到地面。

起始姿势

向上和向下运动

肱二头肌（单关节）训练

名称	动作描述	主要参与肌肉	
		身体部位	肌肉
杠铃弯举	肘关节屈曲	上臂（前侧）	肱肌 肱二头肌 肱桡肌
锤式弯举	同杠铃弯举		

3.21 杠铃弯举

这个动作常用（但不是必需）曲杆（有时候也称作EZ杆，图中用的是直杆）。这是一种短杆，经弯折之后，杆上有两个明显的握杆处：一内一外。抓起曲杆杠铃，摆成"M"形状，弯折处手掌向内抓握，握距较窄。反转曲杆杠铃，摆成"W"形状，弯折处手掌向外抓握，握距更宽。这两种握法都可以使用。

起始姿势

- 平衡地反手全握杠铃。
- 按照准备姿势和举重动作指导，将杠铃从地面拉起，放到大腿前侧。
- 常见握距可以这样确定：双手放在杆上，手臂可以碰到躯干或髋部的两侧；双手手掌除拇指的部分，其余均靠近（并且贴住）大腿两侧。
- 双脚分开，与肩部或髋部同宽，膝关节稍微屈曲，躯干直立，肩胛骨后缩，目光朝向前方。
- 让杠铃杆靠在大腿前侧，双臂肘关节充分伸展。之后每次重复，都从这个姿势开始。

向上运动

- 开始这个动作时，屈曲双臂肘关节，向上抬起杠铃，运动轨迹为弧线。
- 杠铃上升时，双手腕关节紧绷，上臂稳定并贴在躯干两侧；不要让手臂向内侧或外侧摆动。此时肩关节保持不动，只有双臂肘关节参与运动。
- 保持身体姿势稳定，不要通过摇摆身体（超伸脊柱）、耸肩、超伸颈部、伸展膝关节或踮脚来借力抬起杠铃。
- 继续屈曲双臂肘关节，直到杠铃杆靠近三角肌前束。如果杠铃上升到最高点时，双臂肘关节向前移动，说明屈曲幅度太大。

向下运动

- 伸展双臂肘关节，有控制地让杠铃缓慢下落，回到起始位置；杠铃杆落到最低点时，不要让它在大腿上弹起，不要向前屈曲躯干、伸展膝关节，也不要让身体重心朝脚趾转移。

- 双手腕关节紧绷，上臂稳定并贴在躯干两侧。
- 运动过程中保持身体稳定，双脚完全着地。
- 继续让杠铃下降，直到双臂肘关节充分伸展，但不用力锁死。
- 一组动作完成后，缓慢地以同样的速度屈曲髋关节和膝关节（目的是保持躯干竖直的姿势），有控制地下放杠铃到地面。

起始姿势　　　　　　　　　　　　　　　向上和向下运动

3.22 锤式弯举

起始姿势

- 采用全握的方式对握两只等重哑铃。
- 按照准备姿势和举重动作指导,从地面抓起哑铃,放到大腿外侧。
- 手臂常见的摆放姿势是让双臂自然下垂,靠近躯干或髋部两侧,手掌朝向大腿外侧。
- 双脚分开,与肩部或髋部同宽,膝关节稍微屈曲,躯干挺直,肩胛骨后缩,目光朝向前方。
- 双臂肘关节充分伸展,让双臂自然下垂。之后每次重复,都从这个姿势开始。

向上运动

- 开始这个动作时,屈曲肘关节,向上抬起一只哑铃,运动轨迹为弧线。此时另外一只手臂应该保持静止,留在大腿外侧(每次只运动一只手臂)。
- 哑铃上升时,腕关节紧绷、上臂静止并贴在躯干外侧;不要让手臂向内侧或外侧摆动。肩关节保持不动,肘关节参与运动。
- 哑铃上升时,应该保持对握的姿势。
- 保持身体姿势稳定,不要通过摇摆身体(超伸脊柱)、耸肩、超伸颈部、伸展膝关节或踮脚来借力抬起哑铃。
- 继续屈曲肘关节,直到哑铃上半部靠近三角肌前束。如果哑铃上升到最高点时,肘关节向前移动,说明屈曲幅度太大。

向下运动

- 有控制地让哑铃缓慢下降,回到起始位置,保持对握的姿势。
- 不要向前屈曲躯干、伸展膝关节或让身体重心朝脚趾转移。
- 保持腕关节紧绷,上臂稳定并贴在躯干外侧。
- 运动过程中保持身体不动,双脚完全着地。

▸ 继续让哑铃下降，直到肘关节充分伸展，但不用力锁死。

▸ 此时另外一只手臂应该保持静止，留在大腿外侧。

▸ 继续用另一只手臂重复向上和向下运动；刚举过哑铃的手臂应该保持静止，直到另外一只手臂回到起始姿势。继续交换手臂，完成一组动作。

▸ 一组动作完成后，缓慢地以同样的速度屈曲髋关节和膝关节（目的是保持躯干竖直的姿势），有控制地下放哑铃到地面。

起始姿势　　　　　　　　　　　　　　　　向上和向下运动

肱三头肌（单关节）训练

名称	动作描述	主要参与肌肉	
		身体部位	肌肉
仰卧杠铃臂屈伸	肘关节伸展	上臂（后侧）	肱三头肌
肱三头肌下压（器械）	同仰卧杠铃臂屈伸		

3.23 仰卧杠铃臂屈伸

起始姿势：训练者

- 坐在水平训练椅一端，平躺下，让头部靠在水平训练椅的另一端。
- 调整头部、肩部、臀部和双脚的姿势，让身体五个部位形成接触点：
  - 头部紧贴在水平训练椅上；
  - 肩部和上背部均匀地贴紧水平训练椅；
  - 臀部均匀地贴住水平训练椅；
  - 右脚完全着地；
  - 左脚完全着地。
- 示意保护者从地上拿起杠铃。
- 正手全握杠铃。
- 将杠铃移到胸部上方位置，双臂肘关节充分伸展，前臂相互平行。双臂肘关节略微外旋，让其朝向远离面部方向（膝关节方向）。
- 之后每次重复，都从这个姿势开始。

起始姿势：保护者

- 直立在训练者头部的后方。
- 双脚分开，与肩同宽，前后错开站立，膝关节稍微屈曲。
- 采用全握方式，正反握杠铃。
- 将杠铃交给训练者。
- 将杠铃引导至训练者胸部上方。
- 平稳地释放杠铃。

向下运动：训练者

- 开始这个动作时，有控制地让杠铃沿弧线缓慢下降，朝向鼻子、眼睛、前额或头顶，具体部位取决于训练者手臂的长度。如果手臂较长，杠铃会降落到头顶

第三部分　上半身　**163**

位置，手臂较短的训练者，可以让杠铃朝面部下落。
- ▲ 双手腕关节紧绷，双上臂垂直于地面并相互平行。肩部关节保持不动，仅双臂肘关节参与运动。
- ▲ 当肘关节开始屈曲时，它们应该朝向膝关节（不要朝向外侧）。
- ▲ 继续让杠铃下降，直到它在最低点快要碰到额头或面部时停止下降。
- ▲ 保持头部、躯干、臀部和双脚这五个部位的接触点。

向下运动：保护者

- ▲ 杠铃下降时，两只手掌用反握姿势靠近但不接触杠铃杆。
- ▲ 稍微屈曲膝关节、髋关节和躯干，跟随杠铃轨迹时保持背部中立位。

向上运动：训练者

- ▲ 伸展双臂肘关节，有控制地将杠铃向上推，将其推回到起始位置。肩关节保持不动，仅双臂肘关节参与运动。
- ▲ 保持上臂和肘关节稳定；它们在杠铃上升过程中，不能向前或向外移动。
- ▲ 保持身体五部位的接触点，不要拱起下背部、抬头、抬起臀部或用力蹬腿。
- ▲ 保持手腕绷直，双上臂垂直于地面并相互平行。
- ▲ 继续向上推杠铃，直到双臂肘关节充分伸展但没有锁死。
- ▲ 一组动作完成后，示意保护者接住杠铃，此时仍要握紧杠铃杆，直到保护者完全控制了杠铃。

向上运动：保护者

- ▲ 杠铃上升时，双手呈反握姿势，靠近但不接触杠铃杆。
- ▲ 稍微伸展膝关节、髋关节和躯干，跟随杠铃轨迹时保持背部中立位。
- ▲ 一组动作完成后，经训练者示意，站直并正反握杠铃，采用全握方式，将杠铃从训练者手中接过，放回地面。

起始姿势

向下和向上运动

3.24 肱三头肌下压（器械）

起始姿势

- 站在高位滑轮下，直立，背部贴紧竖直靠背（如果器械装有靠背），头部处于中立位，目光集中在正前方。
- 平衡地正手全握直杆，握距在15～30厘米（此动作可以使用不同种类的直杆，最常见的是长为46厘米的直杆）。
- 建议最小握距是双手拇指贴着直杆向中间伸时，指尖刚好可以互相触碰；最大握距时，左右前臂相互平行。
- 双脚分开，与肩或髋同宽，膝盖稍微屈曲，躯干竖直。
- 将直杆下压，上臂和肘关节贴在躯干两侧，前臂和地面平行（或双手位置略高于肘部）。避免前倾身体或转动头部让一只耳朵靠近绳索；应该保持头部中立位，绳索置于鼻子正前方。站在离器械足够近的位置，这样训练者在抓取直杆放到初始位置时，绳索会接近垂直于地面。
- 收紧肩胛骨，保持上臂和肘关节贴在躯干两侧，腹肌保持收缩，拉起已经选好的配重片。之后每次重复，都从这个姿势开始。

向下运动

- 开始这个动作时，伸展肘关节，向下拉直杆。
- 双手腕关节紧绷，上臂保持和地面垂直，并贴在躯干两侧。肩关节保持不动，只有肘关节参与运动。
- 继续下拉直杆，直到双臂肘关节充分伸展，此时不需要用力锁死肘关节。
- 保持躯干竖直，膝关节稍微屈曲；避免轻微下蹲、前倾、手肘后移或向左右拉动绳索而借力下拉横杆。

向上运动

- 有控制地使直杆回到初始位置，而不要让直杆把双臂往上拉。

- 上臂和肘关节保持稳定；当直杆上升时，它们不应该向前或向外移动。
- 身体同样保持稳定；当直杆上升时，不要移动头、躯干或双脚。
- 双手腕关节绷紧，上臂和地面垂直，并且贴紧在躯干两侧。
- 继续引导直杆向上移动，直到前臂和地面平行（或者双手位置略高于肘部）。
- 在一组动作完成之后，缓慢地控制横杆回到起始位置。

起始姿势　　　　　　　　　　　　　　向下和向上运动

前臂（单关节）训练

名称	动作描述	主要参与肌肉 身体部位	肌肉
反握腕弯举	腕关节屈曲	前臂	桡侧腕屈肌 尺侧腕屈肌 掌长肌
腕关节伸展	腕关节伸展	前臂	桡侧腕短伸肌 桡侧腕长伸肌 尺侧腕伸肌

3.25 反握腕弯举

起始姿势

- 采用全握方式平衡地反握杠铃杆，握距在臀距和肩距之间。
- 按照准备姿势和举重动作指导，将杠铃从地上抬起，放在大腿前侧。
- 坐在水平训练椅的一端，双脚分开，与髋部同宽，双腿相互平行，脚趾朝向正前方。躯干前倾，肘关节和前臂放在大腿上。
- 前臂朝前移动，直到双手腕关节略微超过髌骨。
- 手掌打开，双手腕关节伸展，让手背落在髌骨上；接着让杠铃下落，用手指勾住杠铃杆。之后每次重复，都从这个姿势开始。

向上运动

- 开始这个动作时，先屈曲手指，再屈曲腕关节，抬起杠铃。
- 保持肘关节和前臂静止不动，肩部不要向后猛拉或踮脚以借力抬起杠铃。
- 继续尽可能多地屈曲双手腕关节，但腕关节不向上抬起离开大腿。

向下运动

- 伸展双手手指和腕关节，有控制地让杠铃缓慢下降，回到起始位置；避免抬起肘关节离开大腿。
- 身体保持静止，手臂放在起始位置，双脚完全着地。
- 一组动作完成后，手臂从大腿上抬起，身体缓慢前倾，有控制地下放杠铃到地面。

第三部分　上半身　**169**

起始姿势

向上和向下运动

3.26 腕关节伸展

起始姿势

- 采用全握方式平衡地正握杠铃杆，握距在髋距和肩距之间。
- 按照准备姿势和举重动作指导，将杠铃从地上抬起，放在大腿前侧。
- 坐在水平训练椅的一端，双脚分开，与髋部同宽，双腿相互平行，脚趾朝向正前方。躯干前倾，肘关节和前臂放在大腿上。
- 前臂朝前移动，直到双手腕关节略微超过髌骨。
- 对杠铃杆保持全握，让腕关节朝地面屈曲。之后每次重复，都从这个姿势开始。

向上运动

- 开始这个动作时，伸展腕关节，抬起杠铃。
- 保持双臂肘关节和前臂稳定，肩部不要向后猛拉或踮脚借力来抬起杠铃。
- 继续尽可能多地伸展腕关节，但腕关节不向上抬起离开大腿。

向下运动

- 有控制地缓慢下放杠铃，回到起始位置；避免抬起肘关节离开大腿。
- 和之前一样，身体保持稳定，手臂放在起始位置，双脚完全着地。
- 一组动作完成后，手臂从大腿上抬起，身体缓慢前倾，有控制地下放杠铃到地面。

第三部分　上半身　**171**

起始姿势

向上和向下运动

第四部分

核 心

核心训练

名称	动作描述	主要参与肌肉 身体部位	主要参与肌肉 肌肉
屈膝仰卧起坐	躯干屈曲	腹部	腹直肌
卷腹	躯干屈曲	腹部	腹直肌
平板支撑	等长收缩	腹部	腹直肌 腹横肌 腹内斜肌 腹外斜肌
平板支撑	等长收缩	下背部	竖脊肌
侧平板支撑	等长收缩	腹部	腹内斜肌 腹外斜肌
瑞士球滚动	等长收缩	腹部	腹直肌 髂腰肌
瑞士球派克俯卧撑	髋关节屈曲	腹部	腹直肌 髂腰肌
瑞士球屈腿内收	髋关节屈曲	腹部	腹直肌 髂腰肌
坐姿卷腹（器械）	躯干屈曲	腹部	腹直肌
瑞士球卷腹	躯干屈曲	腹部	腹直肌
瑞士球反向背部伸展	躯干伸展	下背部	竖脊肌

注：很多核心训练动作的参与肌肉比此表列出的更多，并且不同的参考资料认定的主要参与肌肉或肌群各有不同。

4.1 屈膝仰卧起坐

起始姿势

- 仰卧在平铺的训练垫上。
- 膝关节屈曲，大约呈90°；髋关节屈曲，大约呈45°；双脚平放在训练垫上，脚跟靠近臀部。两侧大腿、膝关节、脚应该分别对齐。
- 双臂交叉放在胸部或腹部。
- 之后每次重复，都从这个姿势开始。

向上运动

- 开始这个动作时，屈曲颈部，下颌向上胸部移动（但不触碰），接着弯曲躯干，上背部离开训练垫。
- 下半身保持静止，双手交叉放在胸前；上半身抬起时，双脚不要从训练垫上抬起。
- 继续向大腿弯曲躯干，直到上背部离开训练垫。

向下运动

- 舒展躯干，随后有控制地缓慢伸展颈部，回到起始姿势；不要从训练垫上抬起臀部来为下一次动作借力。
- 下半身保持静止，双臂交叉放在胸前。

第四部分 核 心 177

起始姿势

向上和向下运动

4.2 卷腹

起始姿势

- 仰卧在平铺的训练垫上。
- 脚跟放在水平训练椅上，屈曲髋关节和膝关节呈大约90°，两侧大腿、膝关节、脚应该分别对齐。
- 双臂交叉放在胸部或腹部。
- 之后每次重复，都从这个姿势开始。

向上运动

- 开始这个动作时，屈曲颈部，下颌向上胸部移动（但不触碰），接着弯曲躯干，上背部离开训练垫。
- 下半身保持静止，双手交叉放在胸前；上半身抬起时，双脚不要从水平训练椅上抬起。
- 继续向大腿弯曲躯干，直到上背部离开训练垫。

向下运动

- 舒展躯干，随后有控制地缓慢伸展颈部，回到起始姿势；不要抬起臀部离开地面来为下一次动作借力，也不要抬起双脚离开训练椅。
- 下半身保持静止，双臂交叉放在胸前。

起始姿势

向上和向下运动

4.3 平板支撑

起始姿势

- 俯卧跪在地面上。双脚与髋部同宽或比髋部略窄，每条腿的脚、踝关节、膝关节和髋关节在同一平面内。双手手掌应该平放在地面，间距大概与肩同宽，双臂肘关节朝向正后方。
- 逐个将双臂肘关节放在地面，位于肩部正下方，前臂相互平行。
- 脚逐个向后移动，伸展髋关节和膝关节，让腹部、髋部和腿部的前侧落在地面上。

结束姿势

- 抬高髋部，让踝关节、膝关节、髋关节、肩关节和头部在同一条略微上斜的直线上（头部比脚部高）。
- 等长收缩躯干肌肉，保持其紧绷，同时髋部向后倾斜，保持腰椎处于中立位。
- 双臂肘关节位于肩部正下方。
- 头部保持在中立位。
- 一次动作结束后，缓慢降低臀部和双腿，回到起始姿势。

第四部分 核 心　　181

起始姿势

结束姿势

4.4 侧平板支撑

起始姿势

- 侧躺在地面上，左手肘关节置于左肩下方。
- 左前臂移动到垂直于躯干的位置。
- 右脚放在左脚上，同时右腿平放在左腿上，或将右脚靠在左脚前侧。右臂平放在躯干右侧。身体重量将由左臂支撑。

结束姿势

- 将左脚外侧作为转轴，抬起髋部，让左腿的踝关节、髋关节和左肩在同一条直线上。右脚保持在左脚上面，右腿保持在左腿上；或者将右脚靠在左脚前面。将右手臂放在躯干右侧。
- 等长收缩躯干，保持紧绷。
- 保持左臂肘关节在左肩正下方。
- 保持头部在中立位，目光集中朝向前方。
- 一次动作结束时，缓慢降低髋部和双腿，回到起始姿势。换右侧重复这个训练动作。

起始姿势

结束姿势

4.5 瑞士球滚动

起始姿势

- 面朝瑞士球，双膝跪地，脚趾着地，上半身保持竖直，双臂肘关节伸展，双手手掌向下并放在瑞士球靠近自己一侧的上方。
- 保持手掌在瑞士球上，同时重新调整膝关节和脚趾的位置，让膝关节和踝关节呈90°，同时膝关节、髋关节、肩部差不多位于同一竖直平面。

结束姿势

- 膝关节和脚趾不离开地面，肘关节充分伸展，双臂相互平行，膝关节、髋关节和肩部位于同一直线上。伸展膝关节、前屈肩关节，让瑞士球向前滚动；双臂穿过瑞士球顶端，直到它快碰到面部。
- 等长收缩躯干肌肉，保持其紧绷；不要让髋部向下塌陷。
- 在一次动作结束时，屈曲膝关节、后伸肩关节，让双臂沿瑞士球上方向后移动，回到起始姿势。

第四部分 核 心 **185**

起始姿势

结束姿势

4.6 瑞士球派克俯卧撑

起始姿势

- 背朝瑞士球跪下，四肢置于地面。双手放在肩部下方分开，与肩同宽，膝关节置于髋关节下方，双腿分开，大约与髋部同宽。
- 依次将左右脚放在瑞士球上，并处于相邻的位置。
- 保持双脚放在瑞士球上，同时伸展髋关节和膝关节，并重新调整双手位置支撑身体摆到俯撑的位置，双手位于肩部正下方。
- 等长收缩躯干肌肉，保持其紧绷，同时双臂肘关节充分伸展，头部处于中立位。在做此动作过程中，保持这些姿势。
- 之后每次重复，都从这个俯撑姿势开始。

向上运动

- 保持膝关节和双臂肘关节充分伸展，躯干绷紧，同时开始屈曲髋关节，让瑞士球朝胸部移动，直到脚趾处于瑞士球顶端，并且髋部位于肩部正上方。
- 向上运动过程中，头部保持中立位。

向下运动

- 有控制地伸展髋关节，同时保持双腿膝关节和双臂肘关节充分伸展，躯干绷紧，回到起始姿势。
- 在向下运动过程中，头部保持中立位。

第四部分 核 心 187

起始姿势

向上和向下运动

4.7 瑞士球屈腿内收

起始姿势

- 背朝瑞士球跪下,四肢置于地面。双手放在肩部下方,距离与肩同宽,双腿膝关节置于髋关节下方,距离大约与髋部同宽。
- 依次将左右脚放在瑞士球上,并处于相邻的位置。
- 保持双脚放在瑞士球上的同时,伸展髋关节和膝关节,并重新调整双手位置,将身体摆到俯撑的位置,双手位于肩部正下方。
- 等长收缩躯干,保持紧绷,同时双臂肘关节充分伸展,头部处于中立位。在做此动作过程中,保持这些姿势。
- 之后每次重复,都从这个俯撑姿势开始。

向前运动

- 保持膝关节和双臂肘关节充分伸展、躯干绷紧的同时,开始抬高髋部并屈曲髋关节和膝关节,让瑞士球朝胸部移动,直到髋关节和膝关节充分屈曲。
- 肩部保持在双手正上方,头部处于中立位。

向后运动

- 有控制地伸展髋关节和膝关节,同时保持双臂肘关节充分伸展,躯干绷紧,回到起始姿势。
- 肩部保持在双手正上方,头部处于中立位。

起始姿势

向前和向后运动

4.8 坐姿卷腹（器械）

起始姿势

- 坐在器械内部，双脚着地，双腿放在滚轴垫后面。
- 髋关节和膝关节都应该屈曲至90°，双腿接触滚轴垫。
- 握住位于头部两侧的器械手柄，上臂后侧贴紧肘部靠垫。
- 之后每次重复，都从这个姿势开始。

向前运动

- 开始这个动作时，屈曲躯干，胸部向前、向下朝大腿移动。
- 髋部和下背部不要离开靠垫。
- 继续屈曲躯干，直到双臂肘关节直接朝向大腿。

向后运动

- 有控制地缓慢伸展躯干，回到起始姿势。
- 不要通过抬起或过度伸展髋关节来为下一次动作借力。
- 下肢保持稳定，同时双手握紧器械手柄。

起始姿势

向前和向后运动

4.9 瑞士球卷腹

起始姿势

- 坐在瑞士球上，双脚完全着地。
- 髋关节和膝关节都屈曲至90°。大腿、膝关节、脚相互对齐。
- 移动双脚，使之远离瑞士球，直到中背部到下背部和瑞士球接触，躯干几乎平行于地面。
- 双臂交叉放在胸前，或放在头部两侧。
- 之后每次重复，都从这个姿势开始。

向上运动

- 开始这个动作时，屈曲颈部，下颌向上胸部移动（但不触碰上胸部），接着屈曲躯干。
- 保持下半身稳定，双手交叉放在胸前或头部两侧；上半身抬起时，双脚不要从地面抬起。
- 继续向大腿屈曲躯干，直到上背部离开瑞士球。

向下运动

- 舒展躯干，随后有控制地缓慢伸展颈部，回到起始姿势；不要通过抬起或过度伸展髋关节来为下一次动作借力。
- 保持下肢稳定，双臂交叉放在胸前或头部两侧。

第四部分 核　心　193

起始姿势

向上和向下运动

4.10 瑞士球反向背部伸展

起始姿势

- 面朝瑞士球，双膝跪地。
- 身体向前滚到瑞士球上，让腹部落在瑞士球顶部，身体呈俯撑的姿势。在身体条件允许的情况下，躯干尽可能平行于地面，并将双手移到肩部正下方或稍微靠前处，按住地面。
- 整个动作过程中，双脚保持并拢。
- 等长收缩躯干，保持紧绷，同时双臂肘关节充分伸展，头部处于中立位。在做此动作过程中，保持这些姿势。
- 之后每次重复，都从这个俯撑姿势开始。

向上运动

- 伸展髋关节，以此抬起双腿到与身体成一条直线的位置。
- 下半身保持平直，同时保持脊柱中立位、双脚踝关节背屈。整个动作过程中不要转动髋部。

向下运动

- 有控制地屈曲髋关节，直到双脚触碰地面，回到起始姿势。
- 下半身保持平直，同时保持脊柱中立位、双脚踝关节背屈。

第四部分 核 心 **195**

起始姿势

向上和向下运动

第五部分

非传统动作模式和器械

使用非传统动作模式和器械的训练

名称	动作描述	主要参与肌肉 肌群或身体部位	主要参与肌肉 肌肉
双臂壶铃摇摆	髋关节伸展	臀肌	臀大肌
		腘绳肌	半膜肌 半腱肌 股二头肌
	膝关节伸展	股四头肌	股外侧肌 股中间肌 股内侧肌 股直肌
单腿蹲	髋关节伸展	臀肌	臀大肌
		腘绳肌	半膜肌 半腱肌 股二头肌
	膝关节伸展	股四头肌	股外侧肌 股中间肌 股内侧肌 股直肌
单腿壶铃罗马尼亚硬拉	髋关节伸展	臀肌	臀大肌
		腘绳肌	半膜肌 半腱肌 股二头肌
土耳其式起身	髋关节伸展	臀肌	臀大肌
		腘绳肌	半膜肌 半腱肌 股二头肌
	膝关节伸展	股四头肌	股外侧肌 股中间肌 股内侧肌 股直肌
	躯干屈曲	腹部	腹直肌

续表

名称	动作描述	主要参与肌肉 肌群或身体部位	主要参与肌肉 肌肉
单臂壶铃高翻	髋关节伸展	臀肌	臀大肌
	膝关节伸展	腘绳肌	半膜肌 半腱肌 股二头肌
	肩关节前屈	肩部	三角肌前束
	肘关节屈曲	上臂（前侧）	肱二头肌
单臂壶铃推举	肩关节前屈	肩部	三角肌前束
	肘关节伸展	上臂（后侧）	肱三头肌
壶铃前蹲	髋关节伸展	臀肌	臀大肌
	膝关节伸展	股四头肌	股外侧肌 股中间肌 股内侧肌 股直肌
瑞士球臀桥和腘绳肌弯举	髋关节伸展	臀肌	臀大肌
	膝关节屈曲	腘绳肌	半膜肌 半腱肌 股二头肌
俯卧撑哑铃划船	肩关节前屈／水平内收	胸部	胸大肌
		上臂（后侧）	肱三头肌
	肩胛骨前凸（外展）	肩胛骨	前锯肌
		胸部	胸小肌
	肘关节伸展	上臂（后侧）	肱三头肌
	肩胛骨后缩（内收）	上背部、中背部	中斜方肌 下斜方肌 菱形肌
	肩关节后伸	背部	背阔肌 大圆肌
		肩部	三角肌后束
	肘关节屈曲	上臂（后侧）	肱肌 肱二头肌 肱桡肌
	等长收缩	腹部	腹直肌 腹横肌 腹内斜肌 腹外斜肌
		下背部	竖脊肌

5.1 双臂壶铃摇摆

起始姿势

- 双腿分开站立，并将壶铃置于双脚之间。站距在髋距和肩距之间，脚尖朝向正前方。
- 下蹲，保持髋部低于肩部，双臂肘关节充分伸展；两只手采用正握的方式全握壶铃把手。
- 起身，将壶铃从地面拉起，接着调整身体姿势，让背部保持脊柱中立位，后收并下沉肩部，脚跟和地面接触，眼睛注视前方（没有展现在照片中）。双手握住双腿之间的壶铃，双臂肘关节充分伸展。
- 保持背部处于脊柱中立位的同时，屈曲髋关节和膝关节，接近微蹲姿势，壶铃悬挂在手臂末端，处于双腿之间。
- 之后每次重复，都从这个姿势开始。

向后运动

- 开始这个动作时，屈曲髋关节（同时保持膝关节的起始姿势不变）并让壶铃在双腿之间向后摆动。
- 向后运动过程中，保持膝关节适度屈曲，背部中立位，肘关节充分伸展。
- 继续在双腿之间摆动壶铃，直到躯干接近和地面平行，壶铃向后超过了身体的垂直线。

向前／向上运动

- 当壶铃向后移动到终点，伸展髋关节和膝关节，让壶铃反向运动，向前、上方画出弧线。
- 让壶铃向上到达靠近眼睛水平的位置。保持双臂肘关节伸展，背部处于脊柱中立位。

向下 / 向后运动

- 让壶铃沿弧线下落，当上臂接触躯干时，屈曲髋关节和膝关节，承接壶铃的重量。
- 保持肘关节完全伸展，背部处于脊柱中立位。
- 屈曲髋关节和膝关节，继续让壶铃向下、向后运动，直到壶铃移动到身体垂直线下方和后方。
- 一组动作完成后，让壶铃缓慢停止摆动，将其放回地面。

起始姿势

第一次向后运动以及向前 / 向上运动开始阶段

第五部分　非传统动作模式和器械

向前 / 向上运动结束阶段以及向下 / 向后运动开始阶段

5.2 单腿蹲

起始姿势

这个动作的起始姿势——在一只脚放在水平训练椅或箱子上之前——和后蹲的起始姿势一样。如果使用杠铃，通常将它放在颈部底端、三角肌后束上，采用高杠位。如果使用哑铃，应该将它们对握在身体两侧，并采用全握。这个动作的照片中没有出现保护者，但如果需要的话，两个保护者应该站在杠铃两侧。

- 站在大约与膝盖同高的水平训练椅或箱子前，采取与肩或髋同宽的站距。
- 背朝训练椅或箱子，右脚脚背朝下，放在训练椅或箱子上。屈曲双腿膝关节，躯干保持几乎竖直的姿势，肩部后收，头部相对脊柱处于中立位，胸部向上、向前挺出，以此让背部处于中立位或稍微拱起。
- 之后每次重复，都从这个姿势开始。

向下运动

- 同时屈曲髋关节和双腿膝关节，垂直地降低身体，同时保持躯干和地面夹角不变；杠铃下降时，不要拱起上背部或前倾躯干。
- 保持左脚脚跟着地，右脚脚背朝下，放在水平训练椅或箱子上。
- 继续屈曲髋关节和膝关节，直到左侧大腿和地面几乎平行。

向上运动

- 主动伸展左侧髋关节和膝关节，有控制地让杠铃上升；虽然右侧髋关节和膝关节也会同时被动伸展，但需将注意力集中在左侧髋关节和膝关节上。
- 保持脊柱中立位和躯干直立姿势。
- 以同样的速度伸展髋关节和膝关节，以保持躯干和地面角度不变。不要将身体重心移到左脚的大脚趾球上。
- 左腿膝关节保持在左脚正上方；膝关节伸展时，不要向内或向外移动。

第五部分　非传统动作模式和器械　　**205**

- 注意力继续集中在左侧髋关节和膝关节的伸展上,回到起始姿势。
- 当左腿在前做完一组动作之后,换右腿在前重复以上步骤。

起始姿势　　　　　　　　　　　　　　　　　　向下和向上运动

5.3 单腿壶铃罗马尼亚硬拉

做这个动作时，可以用支撑腿一侧（同侧）的手握住壶铃，或用支撑腿相对一侧（对侧）的手握住壶铃。以下文字和照片描述的是对侧手握壶铃的单腿罗马尼亚硬拉。

起始姿势

- 右手全握壶铃，采取正握的方式。
- 以左腿（作为支撑腿）单腿站立，左侧髋关节和肩部位于左脚上方，身体重心放到左脚脚跟上。躯干应该完全直立，肩部后收，头部相对脊柱处于中立位，胸部向上挺出。
- 将壶铃移动到右侧大腿前面，右臂肘关节充分伸展，右脚向后退一小步。
- 之后每次重复，都从这个姿势开始。

向下运动

- 可以略微屈曲支撑腿的膝关节，之后在整个动作过程中严格保持这个姿势。
- 开始这个动作时，躯干在左侧支撑腿的髋关节处向前屈曲。
- 躯干前屈时，保持右侧肩部、髋关节、膝关节和踝关节对齐；只有左侧支撑腿的髋关节参与运动。壶铃下降时不要转动髋部。
- 肩部保持后收，头部和背部保持中立位，右臂肘关节充分伸展。
- 让壶铃下降，直到躯干和右腿几乎平行于地面。

向上运动

- 伸展左侧支撑腿的髋关节，回到起始姿势。
- 在向上运动过程中，左侧支撑腿的膝关节保持略微屈曲，同时背部保持中立位。
- 不要超伸躯干或颈部，也不要屈曲右臂肘关节。
- 左腿作为支撑腿，壶铃握在右手做完一组动作之后，再以右腿作为支撑腿，壶铃握在左手，重复这个动作。

第五部分　非传统动作模式和器械　**207**

起始姿势

向下和向上运动

5.4 土耳其式起身

起始姿势

- 开始这个动作时，仰卧在地面上，壶铃放在靠近左侧肩部的位置（没有展现在照片中）。
- 身体略微转向壶铃，采取对握方式，用左手全握壶铃（没有展现在照片中）。借助右手的力量，举起壶铃。壶铃的壶体应该贴在左手手掌和腕关节的背部。
- 屈曲左侧髋关节和膝关节，大约呈45°夹角，同时左脚完全着地。
- 右腿平放在地面，背屈右脚踝关节，让脚趾朝向正上方。
- 用双臂将壶铃举到面部上方，然后移开右手，左手应该保持握在靠近壶铃把手弯折处，且弯折处靠近拇指一边。
- 在动作过程中，左臂肘关节保持充分伸展，同时将左臂朝向天花板，把壶铃举在左侧肩部上方。
- 右臂平放在地面上，大约和身体右侧呈45°夹角，肘关节充分伸展。
- 之后每次重复，都从这个姿势开始。

向上运动

- 眼睛一直集中在壶铃上的同时，开始向上推壶铃。向上推起壶铃时，左脚同时蹬地，转动髋部和躯干，身体通过右前臂和右髋来保持平衡（参考照片：右臂肘关节着地）。保持右腿、右脚踝关节、左腿膝关节、左脚在起始姿势。
- 继续向上举起壶铃，将右前臂着地变为右手着地（参考照片：右手着地）。
- 此时左脚完全着地，伸展左侧髋关节，直到左侧膝关节呈90°夹角。应该有左脚、右脚、右手三个点接触地面（参考照片：高位支撑）。双臂应该伸直，几乎和地面垂直，同时壶铃举到两肩、双臂肘关节和右手的正上方。保持目光集中在壶铃上。
- 保持左侧髋关节和膝关节不动，右腿滑过身体下方再移动到身体后侧，让右腿膝关节和右脚位于髋部后面（参考照片：滑动右腿）。

第五部分　非传统动作模式和器械　　**209**

- 伸展右侧髋关节，同时向上推壶铃，让右手上升，离开地面，将躯干带到完全直立的位置（参考照片：直立）。下肢应该做出箭步蹲姿势，右膝位于右髋和右肩正下方，左侧髋部和膝关节大约呈90°夹角。
- 将身体重心转移到左腿，向上推壶铃；左腿蹬地的同时充分伸展左侧髋关节和膝关节（没有展现在照片中）。
- 右脚向前跨步到与左脚相邻的位置，同时壶铃举到左肩正上方，完成向上运动（参考照片：起身站立）。

向下运动

- 开始向下运动阶段时，向上举壶铃，右腿向正后方伸展，回到箭步蹲姿势。
- 右腿膝关节下落到地面。右侧肩部、髋关节和膝关节应该处于同一竖直平面。
- 继续向上举起壶铃的同时，目光集中在壶铃上，右手放在地面，右臂所在的直线几乎和地面垂直。
- 保持目光集中在壶铃上，伸展左侧髋关节，右腿滑过身体下方再移动到身体前侧，同时左脚保持平放在地面，左侧膝关节屈曲呈大约90°夹角。确保左侧髋关节充分伸展，并与肩部和膝关节对齐；保持右腿膝关节伸展，右脚踝关节背屈。
- 屈曲左侧髋关节，让身体下落，坐在地面。保持目光集中在壶铃上。左侧膝关节应该屈曲呈45°夹角，同时右臂肘关节充分伸展，右手撑地。
- 左臂充分伸展，继续向上举壶铃，降低右臂肘关节到地面，以支撑身体重量。
- 缓慢地降低身体，回到起始姿势。
- 左手握壶铃完成一组动作之后，换右手握壶铃，右脚完全着地，重复此训练动作。

起始姿势

右臂肘关节着地

右手着地

高位支撑

第五部分　非传统动作模式和器械　　**211**

滑动右腿

直立

站立起身

5.5 单臂壶铃高翻

起始姿势

- 双腿分开站立，并将壶铃置于双脚之间。站距在髋距和肩距之间，脚尖朝向正前方。
- 下蹲，保持髋部低于肩部，右臂肘关节充分伸展；右手采用正握的方式全握壶铃把手［参考照片：壶铃置于地面（手抓壶铃）］。
- 站立起身，将壶铃从地面拉起，接着调整身体姿势，让背部保持中立位，后收和下沉肩部，脚跟和地面接触，眼睛注视前方。右手握住壶铃，将其移动到右侧大腿前面，同时右臂肘关节充分伸展［参考照片：起始姿势（站立）］。
- 保持背部处于中立位，同时屈曲髋关节和膝关节，接近微蹲姿势，壶铃悬挂在手臂末端，处于双腿之间（没有展现在照片中）。
- 之后每次重复，都从这个姿势开始。

向后运动

- 开始这个动作时，从髋关节处向前屈曲躯干（同时保持膝关节的起始姿势不变），并让壶铃在双腿之间前后摇摆。
- 在向后运动过程中，双腿膝关节保持适度屈曲，同时背部处于中立位，右臂肘关节充分伸展。
- 继续在双腿之间摆动壶铃，直到躯干和地面平行、壶铃向后超过了身体的垂直线（参考照片：双腿间摇摆）。

向前／向上运动

- 当壶铃向后移动到终点，伸展髋关节和膝关节，让壶铃沿着相反方向向前运动。
- 向前运动时，让壶铃沿着弧线轨迹移动到接近眼睛水平位置（双臂壶铃摇摆动作），同时保持右侧上臂不离开身体。

- 当壶铃到达一定的位置，此时右侧上臂即将离开躯干，迅速耸起右侧肩部，然后屈曲右臂肘关节，以此让身体前方的壶铃一边向上移动，一边靠近身体（不沿弧线移动）。此为转换阶段。

接铃

- 当壶铃到达最高点时，放松把手并迅速在壶铃下方翻转右臂。
- 以架式接住壶铃，右上臂贴住躯干；右臂肘关节朝向地面；壶铃靠在右手、腕关节或前臂背侧（取决于壶铃的大小和手臂的长短）。开始下一次动作时，从右侧肩部松开壶铃，在肘关节处伸展右臂，让壶铃随手臂自然下落到双腿之间，并且让惯性带动壶铃在双腿间向后摆动。屈曲髋关节和膝关节以承受壶铃的重量，然后按向后运动阶段的指导做动作。右手握壶铃完成一组动作之后，左手握壶铃重复动作。

壶铃置于地面（手抓壶铃）　　　　　　　　　　起始姿势（站立）

双腿间摇摆

转换

接铃

5.6 单臂壶铃推举

起始姿势

- 按照单臂壶铃高翻起始姿势的动作指导，调整身体到此动作的起始姿势（要注意，虽然此动作的照片展示左手握壶铃，而在单臂壶铃高翻的照片中壶铃握在右手，但整体技巧指导对两个动作都适用）。
- 之后每次重复，都从这个姿势开始。

向上运动

- 开始向上运动时，前屈左侧肩关节并伸展左侧肘关节，将壶铃举过头顶。右臂贴在身体右侧。
- 当壶铃被举过头顶时，左侧肩关节外旋，让左手腕关节和左前臂从朝向内侧变成朝向前侧，同时左臂肘关节充分伸展。
- 保持脊柱中立位，眼睛向前看。在向上运动阶段，不要让脊柱左右屈曲。

向下运动

- 有控制地让壶铃缓慢下降，回到起始姿势；在壶铃下降时，不向前屈曲躯干。
- 当壶铃回到起始姿势的位置之后，内旋左侧肩关节，左手腕关节和左前臂回到起始时朝向内侧的姿势。
- 左手握壶铃完成一组动作后，右手握壶铃重复动作。

起始姿势

向上和向下运动

5.7 壶铃前蹲

起始姿势

- 双腿分开站立，并将壶铃置于双脚之间。站距在髋距和肩距之间，脚尖朝向正前方。
- 下蹲，保持髋部低于肩部，双臂肘关节充分伸展（没有展现在照片中）；双手采用对握的方式全握壶铃把手。
- 回到站立姿势，将壶铃举到胸前，背部保持脊柱中立位，肩部后收和下沉，脚跟和地面接触，眼睛注视前方。
- 之后每次重复，都从这个姿势开始。

向下运动

- 开始向下运动时，有控制地缓慢屈曲髋关节和膝关节。
- 保持背部中立位或者稍微拱起，并让壶铃贴近身体；向下运动时，避免双脚脚跟离开地面。
- 保持膝关节与脚对齐；在膝关节屈曲时，不要内扣或外翻。
- 继续向下运动，直到达到以下三个状态（它们决定了动作的最大范围，或下蹲的最低点）之一：
  - 大腿和地面平行（如果可以实现的话）；
  - 躯干开始无法挺直或向前屈曲；
  - 脚跟从地面抬起。
- 实际下蹲的深度取决于下肢关节的柔韧性。
- 控制身体姿态并保持紧绷；蹲到最低点时不要弹起，也不要放松双腿或躯干。

向上运动

- 伸展髋关节和膝关节，有控制地站起来。
- 背部保持中立位或稍微拱起，并让壶铃贴近身体。保持头部略微后倾，胸部向前、向上挺出，以对抗身体前倾的趋势。

- 继续向上，同时让身体重量均匀分布在双脚脚跟和脚底中部之间，以此保持双脚完全着地。身体重心落在臀部，不要让身体重心向前转移到大脚趾球。
- 保持膝关节和双脚对齐；膝关节伸展时不要内扣或外翻。
- 继续以平稳的速度向上运动，直到髋关节和膝关节充分伸展，回到起始姿势。

起始姿势

向下和向上运动

5.8 瑞士球臀桥和腘绳肌弯举

起始姿势

- 仰卧在地面，瑞士球放在靠近双脚的位置。
- 双脚脚跟和小腿后侧放在瑞士球上端靠近自己的一侧，双脚踝关节背屈。双腿膝关节应该充分伸展，头部、背部、臀部平放在地面。
- 双臂放在地面，和身体两侧垂直，肘关节充分伸展。
- 之后每次重复，都从这个姿势开始。

向上运动

- 开始这个动作时，伸展髋关节，让肩部到脚踝之间的身体部位在同一直线上（参考照片：臀桥）。然后屈曲膝关节，让瑞士球向身体滚动，并让脚跟移向臀部（参考照片：弯举）。
- 整个运动过程中，保持臀部紧绷，不要让它们向地面塌陷。
- 头部和双臂保持起始姿势，双腿相互平行。
- 继续让双脚脚跟向臀部移动，直到双腿膝关节屈曲到大约呈90°夹角。

向下运动

- 有控制地伸展膝关节，回到起始姿势。
- 保持头部中立位，并与地面接触。
- 保持双臂在地面，和身体两侧垂直，肘关节充分伸展。

起始姿势

臀桥

弯举

5.9 俯卧撑哑铃划船

起始姿势

- 做出俯卧撑动作的起始姿势，双臂肘关节充分伸展；双手各全握一只哑铃，采用对握方式，双手距离大约与肩同宽。保持头部、颈部、肩部、脊柱、臀部、大腿、膝关节、小腿和踝关节在同一直线上。
- 双脚宽度保持在髋距和肩距之间，以维持整个动作中身体的平衡。
- 之后每次重复，都从这个姿势开始。

向下运动

- 开始做这个动作时，后伸两侧肩关节并屈曲双臂肘关节，降低身体。
- 保持头部中立位，躯干等长收缩，保持紧绷。
- 继续降低身体，直到快贴住地面。

向上运动

- 前屈肩关节，伸展肘关节，推起身体回到起始姿势。
- 保持头部中立位，躯干肌肉等长收缩，保持紧绷。
- 回到起始姿势后，等长收缩核心和左肩肌群，接着后缩右侧肩胛骨，后伸右肩，屈曲右臂肘关节，沿身体右侧向上拉哑铃（划船动作）。
- 当哑铃上升到体侧时，停止上升，接着将哑铃放回地面。保持头部、躯干和下肢的姿势不变，并用左臂重复划船动作（没有展示在照片中）；这样左右各一次划船，记为一次动作。

起始姿势

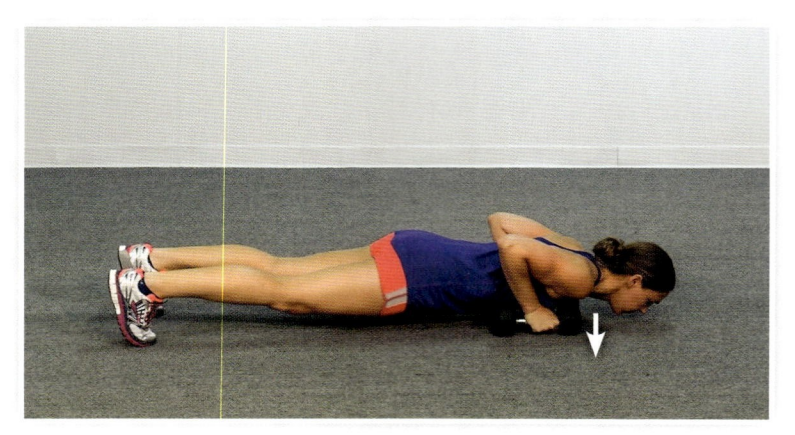

向下运动

向上运动